Lorenz Estermann instant city

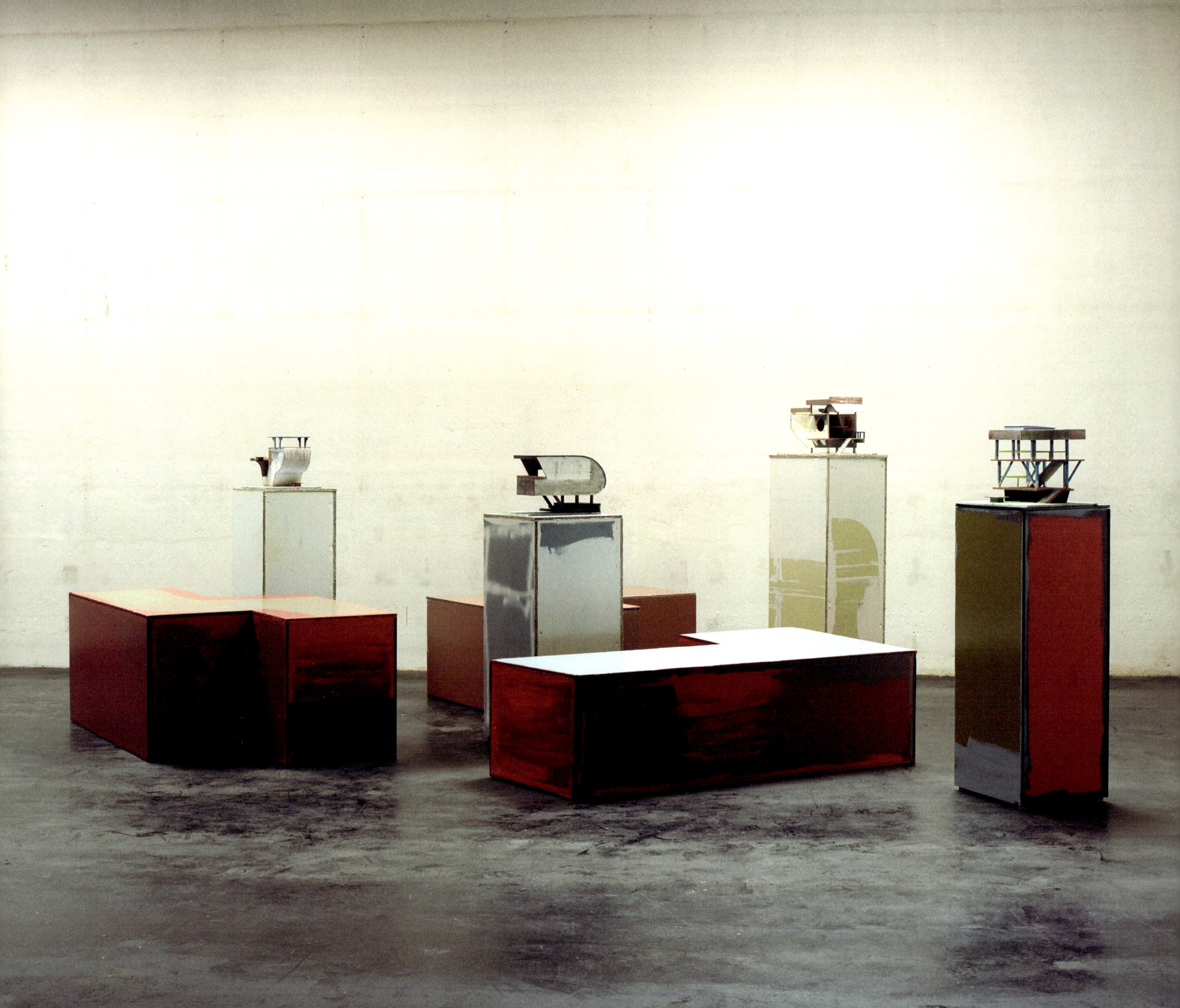

Lorenz Estermann

instant city

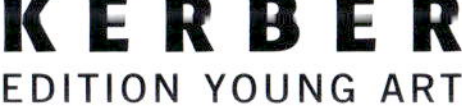

KERBER
EDITION YOUNG ART

Diese Publikation erscheint anlässlich der Ausstellungen:
This publication was produced to accompany the exhibitions:
Cet ouvrage est publié dans le cadre des expositions suivantes:

Lorenz Estermann – instant city
01. Sept. – 02. Nov. 2008
Levy Galerie, Hamburg

Lorenz Estermann – instant city II
09. Oct. –19. Nov. 2008
Galerie Vidal Saint Phalle, Paris

Herausgeber / Produced by / Editeurs:

Levy Galerie Hamburg
Osterfeldstrasse 6
D-22529 Hamburg
Tel.: +49 (0) 40 45 91 88
Fax: +49 (0) 40 44 72 25
info@galerie-levy.de
www.galerie-levy.de

lukasfeichtner galerie Wien
Seilerstätte 19
A-1010 Wien
Tel.: +43 1 512 09 10
info@feichtnergallery.com
www.feichtnergallery.com

Texte / Essays / Textes:
Dr. Simon Baur, Basel
Hans-Peter Wipplinger, Wien

Redaktion / Editing / Suivi rédactionnel:
Alexander Sairally

Übersetzungen / Translations / Traductions:
Sean Gallagher (Eng.)
Dr. Florence Hetzel (Fr.)

Photonachweise / Photo credits / Crédits photographiques:
Werner Schrödl, Lorenz Estermann, Dirk Masbaum

Digitale Bildbearbeitung / Digital image editing /
Design photos numériques:
Manfred Thumberger, Wien

Grafische Gestaltung / Graphic design / Design:
Lorenz Estermann, Klaus-Peter Plehn, Alexander Sairally

Gesamtherstellung / Production / Production générale:
Kerber Verlag, Bielefeld

Published and distributed by /
Éditeur et production générale:
Kerber Verlag, Bielefeld/Leipzig
Windelsbleicher Str. 166 –170
D-33659 Bielefeld
Tel.: +49 (0) 5 21 / 9 50 08-10
Fax: +49 (0) 5 21 / 9 50 08-88
E-Mail: info@kerberverlag.com
www.kerberverlag.com

Kerber, US Distribution
D.A.P.-Distributed Art Publishers Inc.
155 Sixth Avenue 2nd Floor
New York N. Y. 10013
Tel.: +1 212 627 19 99
Fax: +1 212 627 94 84

Die Deutsche Nationalbibliothek verzeichnet diese Publikation
in der Deutschen Nationalbibliografie; detaillierte bibliografi-
sche Daten sind im Internet über http://dnb.ddb.de abrufbar. /
The Deutsche Nationalbibliothek holds a record of this publication
in the Deutsche Nationalbibliografie; detailed bibliographical data
can be found under: http://dnb.ddb.de / La Bibliothèque nationale
allemande (Deutsche Nationalbibliothek) enregistre cette
publication dans la Bibliographie nationale allemande (Deutsche
Nationalbibliografie) / les données bibliographiques détaillées
peuvent être consultées sur Internet à l'adresse : http://dnb.ddb.de.

© 2008 Kerber Verlag, Bielefeld/Leipzig
Lorenz Estermann, Simon Baur, Hans-Peter Wipplinger,
Werner Schrödl, Dirk Masbaum

ISBN 978-3-86678-208-2

Printed in Germany

Inhaltsverzeichnis / Contents / Sommaire

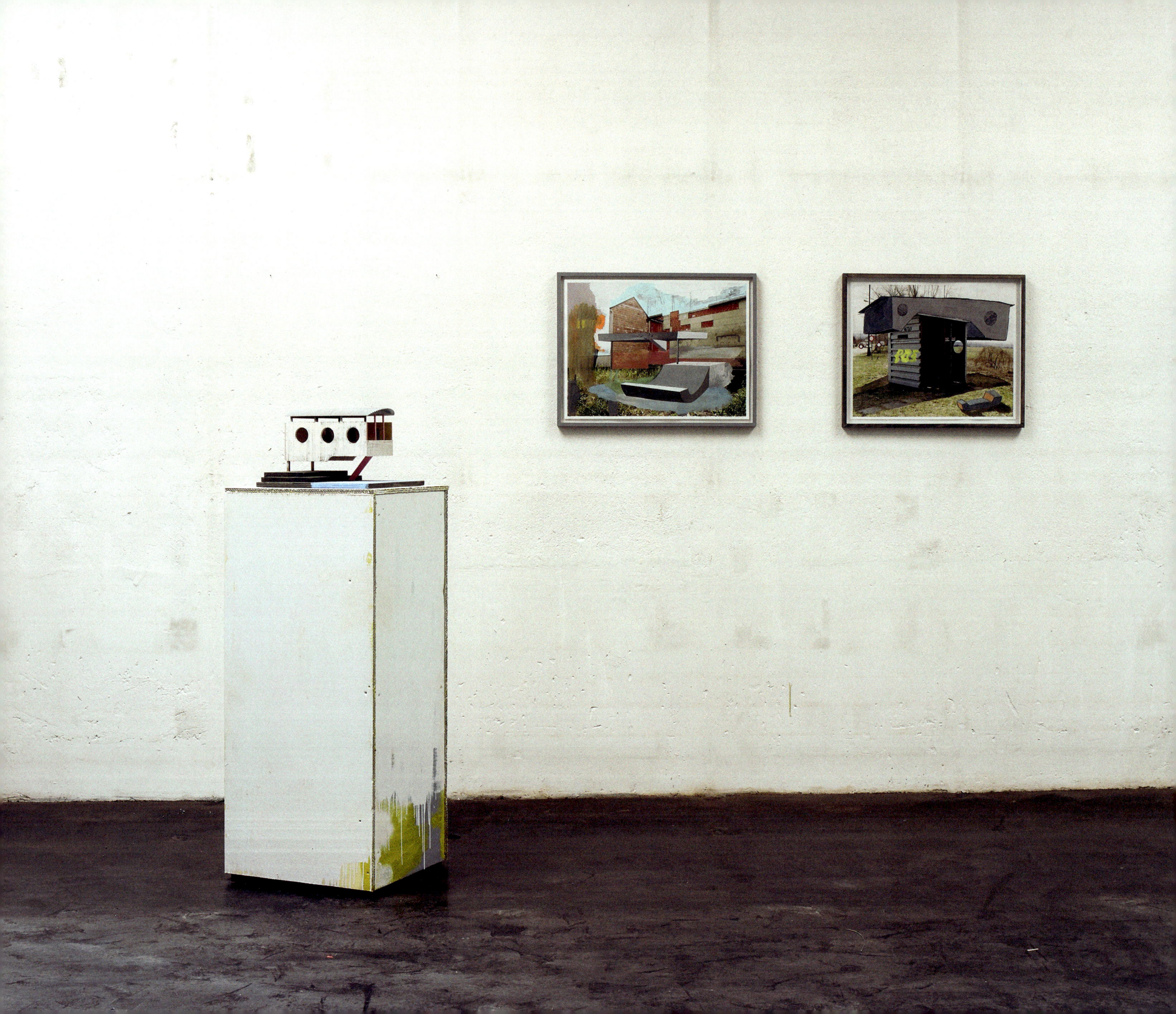

Leerschläge zwischen den Worten
Lorenz Estermanns Modellbegriff

Sie tauchen immer wieder auf, die drei Bilder der Città ideale, jenes groß angelegte Projekt, dass in der Malerei in Ansätzen umsetzbar ist, dass jedoch nie gebaut wurde, aus dem Wissen heraus, dass Idealität und Realität zwei verschiedene Dinge sind. Zur Mystifikation dieser Bilder gehört, dass ihre Autorenschaft bis heute umstritten ist. Drei Namen werden in der Forschung genannt: Piero della Francesca, Luciano Laurana und Francesco di Giorgio Martini. Und auch die Absichten der Auftraggeber lassen sich nicht restlos klären.

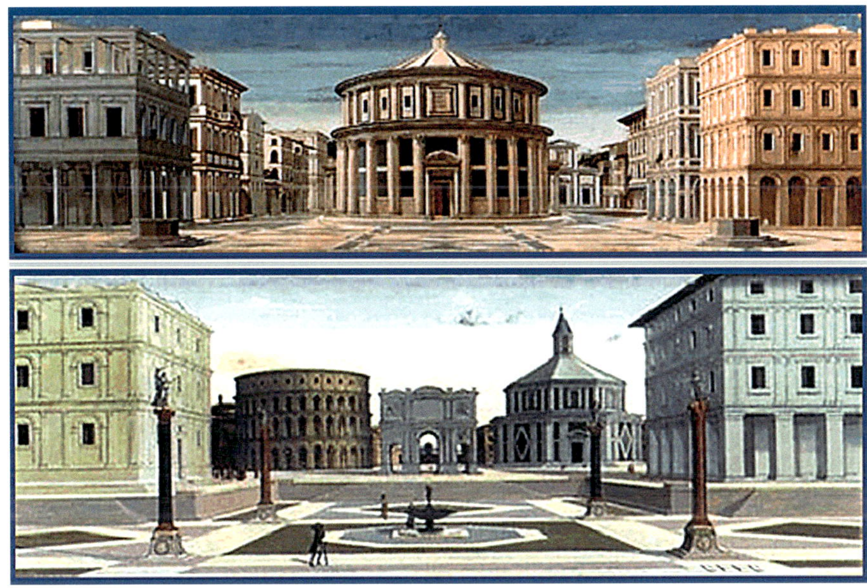

Die Bilder dieser „anonymen Autoren" sind Konstruktionen – wie sie so nur in Ansätzen, in einigen italienischen Städten ausgeführt wurden, – wie sie sich Maler, Architekten, Städteplaner und auch Fürsten der Renaissance vorstellten. Was ist zu sehen:

Auf dem ersten Bild ein Triumphbogen, durch den man auf einen Turm und in die freie Natur sieht, steht zwischen Amphitheater und Baptisterium. Im Vordergrund ist ein großer Platz mit Säulen und einem Wasserspiel zu sehen.

Auf dem zweiten Bild ein Baptisterium in der Mittelachse, links und rechts Wohngebäude und Brunnen, im Hintergrund eine Basilika.

Empty spaces between the words
Lorenz Estermann's conception of models

They appear again and again, these three pictures of the Città ideale, a broadly conceived project that could be approximated in painting, but which was never built due to the knowledge that reality and the ideal are two different things.

Part of these pictures' mysterious charm is that their authorship is disputed to this day. Three names are identified in the research: Piero della Francesca, Luciano Laurana, and Francesco di Giorgio Martini. The intentions of those who commissioned them can also not be fully resolved.

The paintings by these "anonymous authors" are constructions – executed only inceptively in a few Italian cities – as envisaged by painters, architects, city planners, and even rulers during the Renaissance. What is there to see in them? In the first painting a triumphal arch, through which one looks out at a tower and a landscape view, stands between an amphitheatre and a baptistery. In the foreground is a broad plaza with columns and a fountain. In the second painting a baptistery occupies the central axis with residential buildings and wells to the left and right, and a basilica in the background. In the third picture an arbour opens out onto a plaza with buildings, while on the horizon one sees a harbour with ships.

Streets – mostly only suggested or exhibiting the dimensions of boulevards or even plazas – function in these paintings as empty spaces to separate the stately buildings from one another, and allow a view of the attractive facades. Yet all of these are clear (in the literal sense) and important elements of the group, like in an open-air museum, a world exhibition, or the Venice Biennale. The contradictions in the foregoing sentence were deliberately formulated. Distinguishability is ensured, and theatre venues can be discerned from sacred or public places, just as the German pavilion at the Biennale looks different from the American or Hungarian ones. (It is less about being important as about being obvious).

There is a conceptual relationship between the pavilions at the Biennale in the Venice Giardini, and the vistas of the ideal city. Here both are types of ghost towns, with buildings that consist only of facades. Heating systems, bedrooms, and kitchens are missing from these buildings, and they are like a town one travels to only as a summer resort, but which stands empty for the remaining time. Alpine summer pastures [Maiensässe] and Alpine huts

Auf dem dritten Bild ein Laubengang, der sich zu einem Platz mit Gebäuden öffnet, am Horizont ist ein Hafen mit Schiffen zu sehen.

Strassen – die meist nur angedeutet sind oder aber die Dimensionen von Boulevards oder gar Plätzen aufweisen – haben auf diesen Bildern die Funktion von Leerstellen, welche die Repräsentationsbauten voneinander separieren und die Sicht auf die attraktiven Fassaden erlauben. Doch sind alle offensichtlichen (im wörtlichen Sinn) und wichtigen Elemente wie in einem Freilichtmuseum, an einer Weltausstellung oder an der Biennale von Venedig beisammen. Die Widersprüche sind im vorangehenden Satz absichtlich formuliert. Eine Unterscheidbarkeit ist gewährleistet, die Spielstätte lässt sich vom sakralen oder öffentlichen Ort unterscheiden, wie der deutsche Pavillon auf der Biennale ein anderes Aussehen als der amerikanische oder ungarische hat. (Es geht weniger um wichtig als um offensichtlich.)

Von der Konzeption her besteht eine Verwandtschaft von den Pavillons der Biennale in den Giardini von Venedig zu den Veduten der Idealstadt. Bei beiden handelt es sich um Geisterstädte, Häuser, die nur aus Fassaden bestehen, Heizungen, Schlafzimmer und Küchen fehlen in diesen Gebäuden, es ist wie ein Dorf in das man nur zur Sommerfrische fährt, das aber in der übrigen Zeit leer steht. Maiensässe und Alphütten haben ein ähnliches Schicksal. Menschen oder Leben ist in den Idealstädten keines zu sehen, es wird nur angedeutet, etwa mit den Schiffen im Hafen.

Ephemere Behausung

In diesem Zusammenhang sei die Frage erlaubt, ob und wie, die menschliche Behausung, die Wohnung oder das Haus in den letzten Jahren einen Wertewandel erfahren hat. Das moderne Nomadentum, die anhaltende Beweglichkeit und die steigenden Ansprüche, lassen erkennen, das die Definition des Wohnens, des sich an einem Ort Befindens, seit gut zwanzig Jahren einem Transformationsprozess unterworfen ist. Der Traum vom Eigenheim ist in reale Nähe gerückt, wer den ganzen Tag unterwegs ist, will abends zu hause die Anonymität und Ruhe genießen. Die zunehmende Toleranz vor dem Anderen machen es möglich, dass sich jeder sein Domizil selbst kreieren kann, sei es ein Schloss, eine Villa, eine Wohnung, das Hotelzimmer, das Wohnmobil, die Jurte, das Zelt oder die Hängematte. Jeden Abend ein neues Hotelzimmer zu sehen und aus dem Koffer zu leben, gehört genauso zur Realität, wie das vertraute Ehebett. Diese Veränderung in den Lebensgewohnheiten wurde immer auch von Künstlern thematisiert. Andrea Zittel, Thomas Hirschhorn

have a similar fate. In the ideal cities are no signs of people or life; these are only hinted at, such as by the ships in the harbour.

Ephemeral habitations

In this context one is justified in asking whether and how human habitations, such as apartments and houses, have undergone a shift in values over the past years. Modern nomadism, continuous mobility, and increasing expectations make us realize that the definition of residing, of being situated in a location, has been subject to a process of transformation for a good twenty years. The dream of a privately owned home has become a realistic possibility, and anyone who travels the entire day wants to enjoy anonymity and peace at home in the evening. Increasing tolerance of others makes it possible for everybody to create their own domicile, be it a castle, a villa, an apartment, a hotel room, a mobile home, a yurt, a tent, or a hammock. Seeing a new hotel room every night and living out of a suitcase is as much a reality as is the familiar marital bed. These changes in lifestyle habits have also always been thematized by artists. Andrea Zittel, Thomas Hirschhorn, and Erik Steinbrecher demonstrate how this can function, and how much has remained the same despite global interconnectivity.

Et ego in Utopia

In this context it is not insignificant to establish the premises under which the above processes and developments have been absorbed and accepted. Could it not be the case that contemporary society finds itself in a process of change, the duration of which is set as decades – and is therefore barely perceived by individuals – and which contemplates a transformation of the res publica in the sense of Thomas More's Utopia. This visionary book is still worth reading, and its relevance here is summarized in the following.

The Utopians live in their cities in groups of families, and sexually adult persons enter into monogamous marriages. Dominating overall is a patriarchal hierarchy, with older people in charge of the younger. Beyond the families the community is organized like a monastery, with a communal kitchen and collective meals. A superintendent elected yearly supervises a family grouping of thirty families. Private property does not exist and everybody is given, free of charge, those community-produced goods they desire for their personal use. Men and women work as craftspeople six hours a day, and citizens are free to decide which craft they will be trained in. Citizens are required to work, and the Utopians are regularly sent to the countryside

oder Erik Steinbrecher machen vor, wie dies funktionieren kann und wie viel trotz globaler Vernetzung gleichgeblieben ist.

Et ego in Utopia

In diesem Zusammenhang ist es nicht unwesentlich zu eruieren, unter welchen Prämissen, die obenbeschriebenen Vorgänge und Entwicklungen aufgenommen und akzeptiert werden. Könnte es sich nicht darum handeln, dass sich die zeitgenössische Gesellschaft in einem Veränderungsprozess befindet, dessen Dauer auf Jahrzehnte hin angelegt ist – und daher vom Einzelindividuum als solcher kaum wahrgenommen wird – und der eine Transformation der res publica im Sinn von Thomas Morus' Utopia beabsichtigt. Dieses visionäre Buch ist nach wie vor lesenswert, für den Zusammenhang hier sei das folgende zusammengefasst:

Die Utopier leben in den Städten in Familienverbänden, erwachsene Geschlechtspersonen gehen eine monogame Ehe ein. Es herrscht allgemein eine patriarchalische Hierarchie, die Älteren bestimmen über die Jüngeren. Überfamiliär ist die Gemeinschaft klosterähnlich organisiert mit Gemeinschaftsküche und gemeinsamen Speisungen. Ein jährlich gewählter Vorsteher hat die Aufsicht über einen Familienverband von 30 Familien. Privateigentum existiert nicht, jeder bekommt unentgeltlich die von der Gemeinschaft produzierten Güter für den persönlichen Bedarf zugeteilt, die er begehrt. Männer und Frauen arbeiten als Handwerker sechs Stunden am Tag, in welchem Handwerk ein Bürger ausgebildet wird, kann er selbst entscheiden. Es besteht Arbeitspflicht, und turnusgemäß werden die Utopier aufs Land verschickt, wo sie gemeinschaftlich Ackerbau betreiben. Für Kinder besteht Schulpflicht. Besonders Begabte erhalten eine wissenschaftliche oder künstlerische Ausbildung. Die wissenschaftlichen Vorlesungen sind öffentlich, sie zu besuchen ist die beliebteste Freizeitgestaltung der Utopier. Besonderen Wert legen die Bürger auf eine für jeden Kranken optimale Krankenversorgung. Männer und Frauen üben regelmäßig für den Kriegsdienst. Kriegsverbrecher und Straftäter, teils als Todeskandidaten aus dem Ausland gekauft, müssen Zwangsarbeiten leisten. In der säkular organisierten Gemeinschaft herrscht religiöse Toleranz. Der Staat ist eine Republik. Jede Stadt wird von einem Senat regiert, der sich aus Wahlbeamten auf Zeit zusammensetzt. Das Staatsoberhaupt ist auf Lebenszeit gewählt. Wichtige Entscheidungen werden durch Volksabstimmung getroffen. Geld gibt es bei den Utopiern selbst nicht. Sie sollen aber durch eine Überproduktion an Gütern vieles davon anhäufen, und ver-

where they perform communal agricultural work. Children are required to go to school. Particularly talented people receive scientific or artistic educations. Scientific lectures are open to the public, and attending these lectures is the most popular leisure activity of the Utopians. The citizens especially value the provision of optimal medical care for every sick person. Men and women regularly train for military service. War criminals and other criminal offenders, sometimes purchased from foreign countries as persons sentenced to death, must perform forced labour. Religious tolerance reigns in this secularly organized community. The state is a republic. Every city is ruled by a senate composed of officials elected for a limited term. The head of state is elected for life. Important decisions are made by popular referendum. Among the Utopians themselves there is no money. Through overproduction of goods they accumulate much of this, however, and use it to operate mercenary armies or for trade. The Utopians do not value gold. Cities may only attain a stipulated size. Overpopulation is balanced by migration or by the formation of a foreign colony. Conversely, in the case of a lack of inhabitants, a return flow takes place from colonies or overpopulated towns.

Does this not sound like the World Wide Web (www.), like minimum wages and universal health care, like union thinking, like EU, Euro, Al Kaida, Nato, or Opec, like Guantanamo Bay and religious freedom? Some people are amazed at the similarities, others become angry at the absurdity of the comparison, yet it is exactly this contrariness, this impossibility of precise definition, which I am aiming at.

The Biennale, the ideal city, the open-air museum – and the changing concept of society – are all characterized by a common denominator: they are models.

What is a model?

The word has roots in Renaissance Italian as the word modello, derived from the Latin modulus, a scale in architecture, and it was used in the fine arts as a technical term until the eighteenth century.

Herbert Stachowiak suggested a general theory of models in 1973, and it was adopted by many researchers in the field. Not specific to any one field, this conception of models is generally applicable. It is characterized by three features:

1. Illustration. A model is always an illustration of something; it is a representation of a natural or artificial original, which itself could in turn be a model.

2. Abbreviation or simplification. A model does not comprise all of the orig-

wenden es um Söldnerheere oder Handel zu betreiben. Die Utopier selbst schätzen Gold nicht. Städte dürfen nur eine bestimmte Größe erreichen. Überbevölkerung wird durch Migration oder durch die Bildung einer Kolonie im Ausland ausgeglichen. Umgekehrt findet bei Einwohnermangel ein Rückfluss aus den Kolonien oder überbevölkerten Städten statt.

Klingt das nicht nach world wide web (www.), nach Grundeinkommen und Einheitskasse, nach Unions-Gedanken, wie EU, Euro, Al Kaida, Nato oder Opec, nach Guantanamo und religiöse Freiheit? Die einen werden verblüfft über die Ähnlichkeit, die andern erzürnt ob der Absurdität dieses Vergleichs sein, doch genau auf diese Gegensätzlichkeit, auf diese Unmöglichkeit einer genauen Definition, will ich hinaus.

Die Biennale, die Idealstadt, das Freilichtmuseum – und der sich verändernde Gesellschaftsbegriff kennzeichnet ein gemeinsamer Nenner: es sind Modelle.

Was ist ein Modell?
Das Wort entstand im Italien der Renaissance als italienisch modello, hervorgegangen aus dem lateinischen Modulus, einem Maßstab in der Architektur, und wurde bis ins 18. Jahrhundert in der bildenden Kunst als Fachbegriff verwendet.

Herbert Stachowiak hat 1973 eine allgemeine Modelltheorie vorgeschlagen, die von breiten Kreisen der Forschung aufgenommen wurde. Dieser Modellbegriff ist nicht fachspezifisch, sondern allgemein verwendbar. Er ist durch drei Merkmale gekennzeichnet:

1. Abbildung. Ein Modell ist immer ein Abbild von etwas, eine Repräsentation natürlicher oder künstlicher Originale, die selbst wieder Modelle sein können.

2. Verkürzung oder Vereinfachung. Ein Modell erfasst nicht alle Attribute des Originals, sondern nur diejenigen, die dem Modell-Entwerfer beziehungsweise dem Modell-Nutzer relevant erscheinen.

3. Pragmatismus. Dieser bedeutet soviel wie Orientierung am Nützlichen. Ein Modell ist einem Original nicht von sich aus zugeordnet. Die Zuordnung wir durch Fragen nach dem Adressaten, der nach der Verwendung und dem Nutzen relativiert. Ein Modell wird vom Modell-Entwerfer und vom Modell-Nutzer innerhalb einer bestimmten Zeitspanne und zu einem bestimmten Zweck eingesetzt.

Da das Modell eine Abstraktion der Realität ist, erlaubt es die Schaffung einer Simulation und einer Interpretation, vielleicht auch einer Vision. (vgl. http://de.wikipedia.org/wiki/Modell)

inal's attributes, but only those that appear relevant to the model's designer or user.

3. Pragmatism. In general this means an orientation towards the useful. A model does not intrinsically correspond to an original. The correspondence is qualified by questions about who the model is for, about its use, and about its users. A model is used by the model designer and model user within a stipulated time period and for a particular purpose.
Because the model is an abstraction of reality, it allows the creation of a simulation and an interpretation, and perhaps also of a vision.
(see: http://de.wikipedia.org/wiki/Modell)

In the intermediate zone
The detours through ideal cities, Utopia, and models were necessary because they are all components of the complex structure of Lorenz Estermann's works.

He began with drawings in which he used photo-monotype to include motifs of houses, huts, or ramps. In these works the graphical elements combine with additional image motifs, providing no unequivocal reading or narrative message. They are more like collaged plans: "The truth is that the models or room segments were created purely by considering their merits as drawings. This is also because I basically regard myself as an artist working in the medium of drawing, who sidesteps into three-dimensionality in order to bring the results back into the two-dimensional", as Lorenz Estermann explains his approach. He initially builds the motifs he derives from his drawings as small models – more recently even as large models – made of plywood and cardboard, painting them then to look like older buildings on which can be seen the ravages of time. Lorenz Estermann: "I see the surfaces of the large and small models as being open for my painterly strategies, and use them very consciously with this in mind. The remains of my 'painterly' past are now the surfaces of the objects."

Assembling objects and combining them with painterly traces – Lorenz Estermann thereby speaks of "instant architecture" – which sometimes also allow one to make out real motifs, is reminiscent of the most recent works of the American Frank Stella, who creates spatial formations from painted strips of metal, and Stella's works in turn are reminiscent of Vladimir Tatlin's counter- and corner-reliefs. Yet between Stella and Estermann – as explanatory as the comparison may be – there is an evident difference. While Stella's works are specific objects in the Minimal Art sense, in Estermann's works a

Im Zwischenreich

Die Umwege über die Idealstadt, Utopia und das Modell waren notwendig, weil sie allesamt Bestandteile der komplexen Werkstrukturen von Lorenz Estermann sind.

Mit Zeichnungen hat er begonnen, in die er Motive von Häusern, Hütten oder Rampen per Foto-Monotypie einbaute, wobei sich die zeichnerischen Elemente mit den zusätzlichen Bildmotiven ohne eindeutige Lesart oder narrative Aussage verbinden. Es sind eher collagierte Pläne: „Richtig ist, dass die Modelle oder Raumstücke aus rein zeichnerischen Überlegungen entstanden sind. Dies auch deswegen, da ich mich im Grunde als Zeichner definiere, der in die Dreidimensionalität ausweicht, um die Ergebnisse dann wieder ins Zweidimensionale zurückzuführen" begründet Lorenz Estermann seine Vorgehensweise. Die Motive, die er aus seinen Zeichnungen herauslöst, baut er zuerst als kleine, mittlerweile auch als große Modelle in Sperrholz und Pappe nach und bemalt sie anschließend so, als handle es sich um alte Gebäude, denen die Zeichen der Zeit anzusehen sind. Lorenz Estermann: „Ich sehe die Oberfläche der großen und kleinen Modelle als für meine malerischen Strategie offen und benütze sie sehr bewusst in diesem Sinne. Die Reste meiner ‹malerischen› Vergangenheit sind jetzt die Oberflächen der Objekte." Das Zusammenbauen von Objekten in Kombination mit den malerischen Spuren – Lorenz Estermann spricht dabei von „instant architecture" – die teilweise auch reale Motive erkennen lassen, erinnert an jüngste Arbeiten des Amerikaners Frank Stella, der aus bemalten Metallstreifen räumliche Gebilde schafft, die die Konter- und Eck-Reliefs von Wladimir Tatlin weiterentwickeln. Doch besteht zwischen Stella und Estermann – so erklärend der Vergleich auch ist – ein evidenter Unterschied. Während es sich bei Stella um spezifische Objekte, im Sinn der Minimal Art, handelt, findet bei Estermann eine Rückkoppelung statt, in die sowohl Objekt als auch Bild involviert sind. Die Objekte sind Modelle und als Modelle haben sie autonomen Charakter. Gleichzeitig sind sie Motivvorlagen für neue Objekte oder Zeichnungen.

Strategie der Verschleifung

Und doch ist nicht alles gesagt, nach wie vor sind Leerstellen in der Arbeit von Lorenz Estermann zu finden. Sie ist nicht eindeutig zuzuordnen, sie ist nicht Zeichnung, nicht Malerei, nicht Objekt, nicht Architektur. Die Zuordnung der Modelle ist genauso wenig möglich. Das heißt nun nicht, dass wir die Arbeiten nicht lesen könnten, sie sind durchaus verständlich, mehr noch sie

feedback takes place involving both the object and the image. The objects are models and as models they have an autonomous character. At the same time the motifs act as models for new objects or drawings.

The strategy of slurring

Yet not everything is explicit, and one can still find empty spaces in Lorenz Estermann's work. The work cannot be clearly classified as painting, as object, or as architecture. It is just as impossible to classify the models. This does not mean, however, that we cannot read the works – they certainly are understandable – and still more they appeal simultaneously to both intellectual and to sensual experience. Yet my ideas and explanations are also characterized by empty spaces between all the words, and while these do not obscure the words' sense, they also naturally do not explain all meaning in the words of the text, nor all meaning in the works of Lorenz Estermann.

Wittgenstein wrote at the conclusion of his Tractatus logico-philosophi-

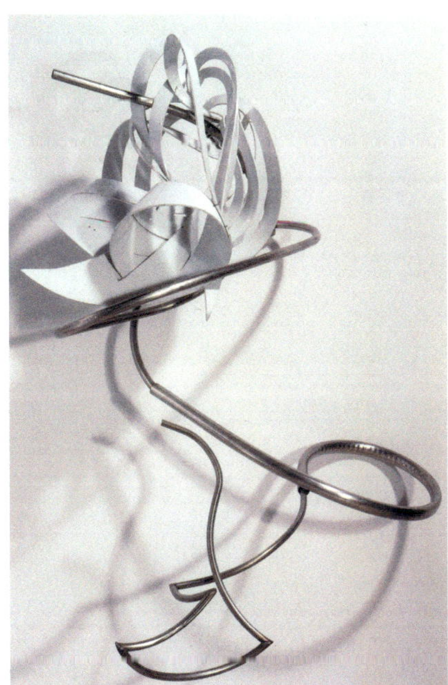

Frank Stella, balian, 2006, stainless tubing, sintra 142.2 x 132.1 x 91.4 cm, in: Frank Stella, Bali Series, Galerie Ficher Rohr, 2007, S. 7

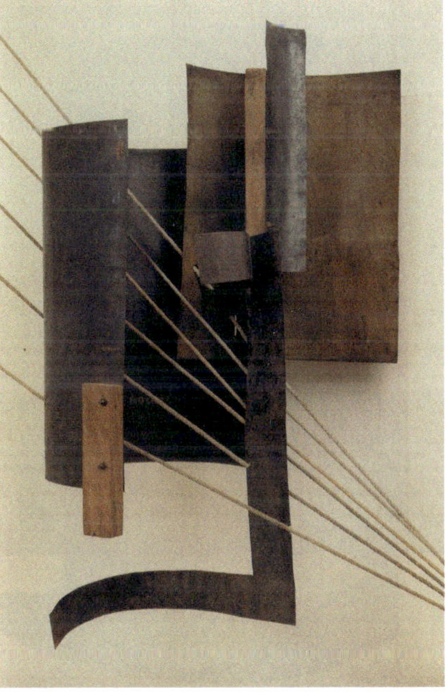

Wladimir Tatlin: Konter-Relief, 1914/15, in: Die grosse Utopie. Die russische Avantgarde 1915-1932, Schirn Kunsthalle Frankfurt, 1992, S. 227

appellieren gleichzeitig an den Verstand wie auch an das haptische Erleben. Doch auch meine Ideen und Erklärungen sind zwischen allen Worten durch Leerstellen gekennzeichnet, die den Sinn der Worte nicht verunklären, aber selbstverständlich auch nicht alle Bedeutungen der Worte des Textes und der Bedeutungen des Werkes von Lorenz Estermann erklären.

Wittgenstein schreibt am Schluss des Tractatus logico-philosophicus: „Es gibt allerdings Unaussprechliches. Dies zeigt sich, es ist das Mystische." (6.522). Damit sind wir ganz nahe dran, an der Strategie von Lorenz Estermann. In der Technik werden Nahtstellen, unpräzise Übergänge, doch auch Wortbedeutungen und deren Aussprache verschliffen. Bei diesem Text hätte eine solche Verschleifung verheerende Folgen. Die Worte, Sätze und Abschnitte würden in ihrer Gesamtheit zu einem einzigen und damit unleserlichen und auch unaussprechlichen Begriff (wobei dieser Modellcharakter hätte) vereint. In der Kunst lassen sich Methoden, Techniken, Konzepte und Ideen verschleifen. Die Zeichnung, die Architektur, die Malerei ist gleichzeitig Objekt und damit Modell, gleichzeitig aber auch Abbild und Konzeption für etwas Neues. Denn Kunst ist neben ihrer Realität immer auch Simulation, Interpretation und Vision und damit nicht nur, aber vor allem auch: Modell.

Simon Baur *

cus: "The inexpressible certainly also exists; it is shown, it is the mystic." (6.522) With this we are very close to the strategy of Lorenz Estermann. In his technique the seams, imprecise transitions, and even the meanings of words and their pronunciations are slurred. In this text that kind of slurring would have devastating consequences. The words, sentences, and sections in their totality would unite into a single, and thus unreadable and even unpronounceable concept (whereby this would have the character of a model). Methods, techniques, concepts, and ideas allow themselves to be slurred in art. Drawings, architectures, and paintings are objects and thus models, but simultaneously they are also illustrations and conceptions of something new. This is because art, besides its reality, is also always simulation, interpretation, and vision, and so not only, but also and above all: a model.

Simon Baur * (Translation: Sean Gallagher)

*1965 in Basel geboren. Kunsthistoriker. Arbeitet als freier Kurator und Kunstpublizist. Organisiert Ausstellungen und publiziert in den Bereichen Kunst, Architektur und Tanz. Publikationen (Auswahl):„Rudolf Steiner in Kunst und Architektur" (2007); „Helmut Federle. Zeichnungen 1975–1997 aus Schweizer Museumsbesitz" (2005); „presse.culture.ch. Ein Handbuch für den Schweizer Mediendschungel am Beispiel der Bildenden Kunst" (2003); „stadtlicht – Ein Farb-Licht-Projekt für Basel" (2002).

* Born 1965 in Basel. Art historian. Works as a freelance curator and art publicist. Organizes exhibitions and publishes in the fields of art, architecture, and dance. Publications (selection): Rudolf Steiner in Kunst und Architektur (2007); Helmut Federle. Zeichnungen 1975–1997 aus Schweizer Museumsbesitz (2005); presse.culture.ch. Ein Handbuch für den Schweizer Mediendschungel am Beispiel der Bildenden Kunst (2003); stadtlicht – Ein Farb-Licht-Projekt für Basel (2002).

Espaces vides entre les mots
Lorenz Estermann et sa conception de la maquette et du modèle

Elles refont régulièrement surface, ces trois représentations de la Città ideale, ce vaste projet certes a priori réalisable en peinture, qui ne fut cependant jamais construit, idéal et réalité n'étant pas compatibles en tant que tels.
Le mythe de ces représentations repose également sur le fait que jusqu'à nos jours, leurs auteurs n'ont toujours pas été formellement identifiés. Parmi les experts circulent les noms de Piero della Francesca, de Luciano Laurana et de Francesco di Giorgio Martini. Il est tout aussi difficile d'établir avec certitude les motifs de leurs commanditaires.

Ces tableaux «d'auteurs anonymes» sont des constructions, partiellement concrétisées dans plusieurs villes d'Italie, qui correspondent à la représentation idéale que s'en faisaient les peintres, les architectes, les paysagistes et également les princes de la Renaissance.

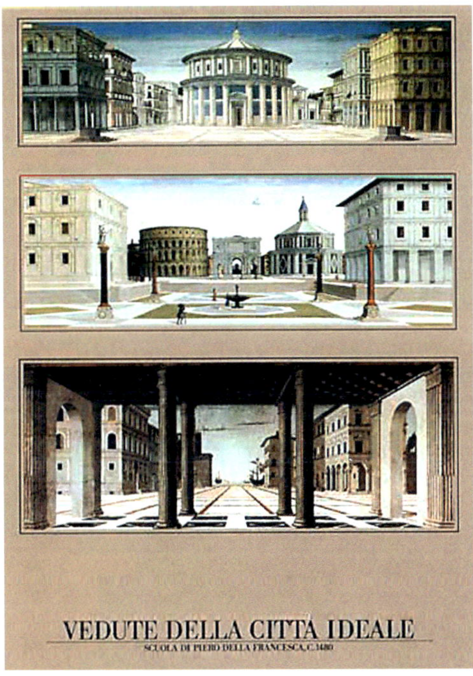

Sur le premier tableau, on découvre un arc de triomphe, derrière lequel on aperçoit une tour dans la nature, d'un côté un amphithéâtre et de l'autre un baptistère ; au premier plan, une grande place avec des colonnes et un jeu d'eau.

Le deuxième tableau montre un baptistère dans l'axe central, à gauche et à droite, des habitations et des fontaines, une basilique à l'arrière-plan.

Le troisième tableau présente une allée qui s'ouvre sur une place avec des bâtiments, et à l'horizon, un port avec des bateaux.

Les rues, qui sont généralement simplement esquissées ou qui prennent au contraire des dimensions de boulevards ou même de places, remplissent une fonction d'espace inoccupé séparant les édifices, ouvrant la perspective sur leurs belles façades.

Tous les éléments importants et mis en valeur le sont comme dans un musée à ciel ouvert, dans une exposition universelle ou à la Biennale de Venise. Ces contradictions sont volontaires. Une différence existe, l'endroit se distingue d'un lieu sacré ou public, tout comme le pavillon de l'Allemagne se distingue du pavillon des Etats-Unis ou de celui de la Hongrie (il s'agit moins de leur importance que de leur mise en valeur). Du point de vue de leur conception, il existe une parenté entre les pavillons de la Biennale dans les Giardini de Venise et les vedute de la cité idéale. Dans les deux cas, il s'agit de villes fantômes, de maisons qui ne se composent que de façades, qui ne sont équipées ni de chauffage, ni de chambres à coucher ni de cuisine, comme dans un village de vacances désert le reste de l'année. Les refuges d'alpages et les gîtes de haute montagne connaissent le même sort. La vie et les hommes sont absents de ces villes idéales, ils ne sont que suggérés, par exemple avec les bateaux dans le port.

Habitations éphémères

Dans ce contexte, il est intéressant de se demander si la place et la valeur des habitations humaines, appartements ou maisons, n'auraient pas connu une évolution au cours de ces dernières années.

Le nomadisme moderne, le mouvement perpétuel et les exigences accrues laissent deviner que le concept de l'habitation, de la vie concentrée en un endroit est soumise depuis vingt ans à un processus de transformation. Le rêve du chez-soi est devenu accessible, ceux et celles qui passent toutes leurs journées en déplacement veulent profiter le soir à la maison de tranquillité et d'anonymat. C'est devenu possible grâce à la tolérance croissante à l'égard des autres, tout le monde peut créer son propre domicile, que ce soit un château, une villa, un appartement, une chambre d'hôtel, un camping-car, une yourte, une tente ou un hamac. Dormir chaque soir dans une autre chambre d'hôtel et vivre avec sa valise fait autant partie de la réalité que le lit conjugal. Ces changements de mode de vie ont de tout temps été thématisés par les

artistes. Andrea Zittel, Thomas Hirschhorn ou encore Erik Steinbrecher illustrent ces possibilités et nous montrent ce qui, en dépit de la mondialisation des phénomènes, n'a pas changé.

Et ego in Utopia

Dans ce contexte, il est essentiel d'analyser les circonstances qui ont permis ces bouleversements et leur acceptation. Serait-il envisageable que la société contemporaine soit engagée dans un processus d'évolution qui s'étendrait sur des décennies (et ne serait donc pas perçu comme tel par les individus), visant à une transformation de la res publica dans le sens de l'Utopia de Thomas More ? Cet ouvrage visionnaire est aujourd'hui encore à recommander ; en voici, pour la compréhension de ce qui suit, un bref résumé :

Les Utopiens vivent dans les villes en fédération de familles, les adultes en unions monogames. La hiérarchie est patriarcale, les plus anciens régnant sur les plus jeunes. Au-delà de la famille, la communauté est organisée comme un cloître, avec une cuisine commune et des repas en commun. Un dirigeant élu chaque année est responsable d'une fédération de trente familles. La propriété privée n'existe pas, chacun bénéficiant gratuitement, au gré de ses besoins et de ses envies, des biens produits par la communauté. Hommes et femmes travaillent six heures par jour comme artisans, chaque citoyen optant de lui-même pour le métier auquel il souhaite être formé. Le travail est obligatoire et tous les Utopiens vont travailler dans les champs communs à tour de rôle. L'école est obligatoire pour les enfants. Les plus doués reçoivent une formation scientifique ou artistique. Les conférences scientifiques sont publiques et le passe-temps favori des Utopiens est d'y assister. Les citoyens accordent une grande importance à la qualité des soins médicaux pour tous les malades. Les hommes comme les femmes s'exercent régulièrement au service militaire. Les criminels de guerre et les délinquants, qui sont pour certains des condamnés à mort achetés à l'étranger, effectuent des travaux forcés. Cette communauté organisée de manière séculière est tolérante à l'égard des croyances religieuses.

L'Etat est une république. Chaque ville est gérée par un sénat composé de fonctionnaires élus pour une durée déterminée. Le chef d'Etat est élu à vie. Les décisions les plus importantes sont prises par référendum.

L'argent n'existe pas pour les Utopiens. Ils doivent néanmoins en accumuler le plus possible grâce à une surproduction de biens afin d'alimenter une armée de mercenaires et de faire du commerce. Les Utopiens méprisent l'or. Les villes ne peuvent dépasser une certaine taille. Le surpeuplement est régulé par la migration ou la création d'une colonie à l'étranger. Inversement, un manque d'habitants est compensé par des «rapatriements» de colonies ou de villes surpeuplées.

Cela ne nous rappelle-t-il pas le world wide web (www.), le revenu minimum et la caisse maladie unique, les principes de communauté comme l'UE, l'euro, Al Kaida, l'OTAN et l'OPEP, ou encore Guantanamo et la liberté de religion ?

D'aucuns seront stupéfaits par cette analogie, d'autres choqués par l'absurdité de la comparaison, mais c'est justement cette opposition, cette impossibilité de définition précise qui nous intéresse.

La Biennale, la cité idéale, le musée à ciel ouvert et la notion de société, qui est en mutation perpétuelle, ont un dénominateur commun : ce sont des modèles.

Qu'est-ce qu'un modèle ?

Le terme «modello» est né à l'époque de la Renaissance en Italie, et vient du latin «modulus» ; en architecture, c'est une norme, et cette terminologie fut employée jusqu'au XVIIIème siècle dans les Beaux-Arts.

En 1973, Herbert Stachowiak a énoncé une théorie générale des modèles qui fut bien accueillie dans le milieu scientifique. Son concept de modèle ne se restreint pas à un domaine et peut au contraire être appliqué de manière générale. Il présente trois caractéristiques :

1. la représentation : un modèle est toujours une représentation, celle d'un original naturel ou artificiel qui peut à son tour devenir modèle.

2. la réduction ou la simplification : un modèle ne reproduit pas l'ensemble des attributs de l'original, mais uniquement ceux qui paraissent intéressants au concepteur ou à l'utilisateur du modèle.

3. le pragmatisme : cela signifie que le modèle repose sur son utilité. Un modèle ne peut être catégorisé en soi comme l'original. Il ne le sera qu'en fonction de la personne à qui il est destiné, ainsi que de son utilisation et de son utilité. Un modèle est utilisé par son concepteur et son utilisateur pendant une durée et une utilisation déterminées.

Un modèle étant une abstraction de la réalité, il permet d'en créer une simulation ou une interprétation, éventuellement même une vision (cf. http://de.wikipedia.org/wiki/Modell).

Aux confins des royaumes de l'art

Les détours par la cité idéale, Utopia et le modèle étaient nécessaires, car tous sont des composantes de la structure de l'œuvre de Lorenz Estermann.

Il a fait ses débuts avec des dessins, dans lesquels il incorporait des mono-types-photos avec des motifs de maison, de chalets ou de rampes, les éléments de dessin n'étant cependant pas liés aux motifs des images, n'en proposant ni une lecture explicite ni une explication narrative. Il s'agit davantage de plans collages. Estermann expose sa méthode : «Il est exact que mes maquettes ou mes Raumstücke (créations en espace) ont été conçues à partir de travaux de pur dessin. Ceci est aussi dû au fait que je me considère en fait comme un dessinateur qui fait un détour par le tridimensionnel pour en retransférer les résultats en bidimensionnel.» Il construit à partir des motifs de ses dessins de petites maquettes (entre-temps également plus grandes) en contre-plaqué ou en carton, puis les peint de sorte qu'elles ressemblent à de vieux bâtiments marqués par le temps : « Je considère les surfaces de mes petites et grandes maquettes comme des espaces disponibles pour ma stratégie de peinture et les utilise comme telles. Les restes de mon passé de «peintre» sont à présent les surfaces de mes objets. » (Lorenz Estermann) La réalisation d'objets combinés avec des éléments picturaux (Estermann parle de «instant architecture») qui contiennent aussi des motifs réels rappelle les récents travaux de l'artiste américain Frank Stella qui crée des objets à partir de tubes de métal peints rappelant les contre-reliefs d'angle de Vladimir Tatlin. Ceci dit, aussi parlante que soit la comparaison, il existe une différence manifeste entre Stella et Estermann. Tandis qu'il s'agit chez Stella d'objets spécifiques au sens du «Minimal Art», les œuvres d'Estermann présentent un effet de rétroaction impliquant l'objet et l'image.

Les objets sont des modèles, et en tant que tels ont un caractère autonome. Parallèlement, ils forment une base pour la création de nouveaux objets et dessins.

Une stratégie du lissage
Pourtant, tout n'a pas été dit, il reste des espaces inoccupés dans l'œuvre d'Estermann. Elle reste difficile à catégoriser, elle n'est ni dessin, ni peinture, ni objet, ni architecture. Il n'est pas davantage possible de catégoriser ses maquettes. Ce qui ne signifie pas que nous ne soyons pas en mesure de comprendre ses travaux, ils sont parfaitement intelligibles, ils font même simultanément appel à la raison et à l'expérience tactile. Cependant, mes idées et explications recèlent elles aussi, entre les mots, des espaces vides, qui certes ne perturbent pas le sens des mots, mais n'expliquent certainement pas non plus tous les sens des mots du texte ni le sens de l'œuvre de Lorenz Estermann.

Wittgenstein écrit à la fin du Tractatus logico-philosophicus : «Il y a assurément de l'indicible. Il se montre, c'est le Mystique.» (6.522) Ici, nous touchons du doigt la stratégie d'Estermann. Sa technique lisse les zones de jonctions, les transitions imprécises, mais aussi le sens des mots et leur prononciation. Dans le présent texte, une telle technique aurait des conséquences dramatiques. Les mots, les phrases et les paragraphes se réduiraient tous à une seule notion, devenant alors illisible et imprononçable (pouvant cependant faire figure de modèle). Dans l'Art, les méthodes, les techniques, les concepts et les idées peuvent être lissés. Le dessin, l'architecture, la peinture sont à la fois objets et donc modèles, mais parallèlement aussi le reflet et la création de quelque chose de nouveau. Car en dehors de sa réalité, l'art est toujours aussi simulation, interprétation et vision, ainsi donc également, mais pas toujours, modèle.

Simon Baur * (traduction française Florence Hetzel)

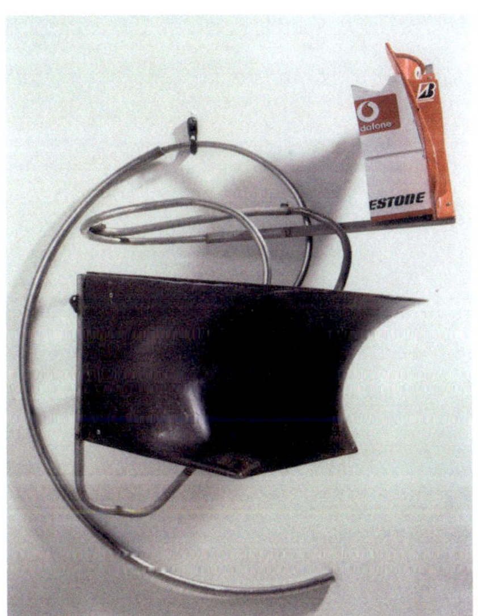

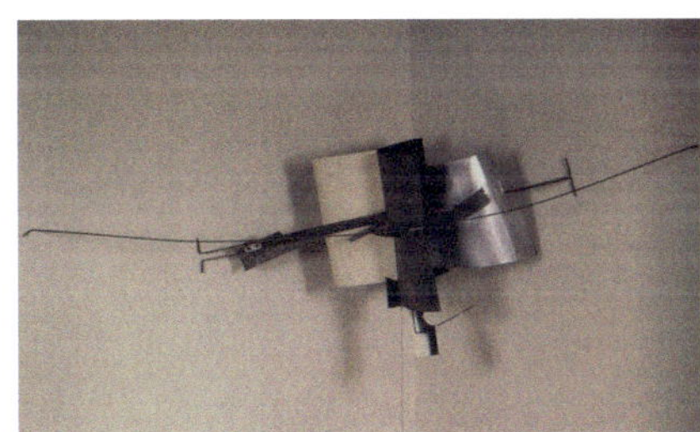

Vladimir Tatlin, Contre-relief d'angle, 1914–15
in: la Grande Utopie. L'Avant-garde russe
1915–1932, Schirn Kunsthalle Francfort, 1992,
p.225

Frank Stella, pepatih, 2006, tubes en acier/
fibre de carbone/ stainless stell tubing,
carbon fiber, 182,9 x 144,8 x 99,1 cm
in: Frank Stella, Bali Series, Galerie Ficher
Rohr, 2007, p.15

* Né en 1965 à Bâle. Historien de l'art, travaille comme administrateur et journaliste d'art indépendant. Il organise des expositions et publie dans les domaines de l'art, de l'architecture et de la danse. Il a publié, entre autres : Rudolf Steiner in Kunst und Architektur (2007); Helmut Federle. Zeichnungen 1974–1997 aus Schweizer Museumsbesitz (2004); presse. culture.ch. Ein Handbuch für den Schweizer Mediendschungel am Beispiel der Bildenden Kunst (2003); stadtlicht – Ein Farb Licht Projekt für Basel (2002).

Ergonomie der Architektur
Wahrnehmungen und Kommentare
zu gebauter Umwelt im Werk
von Lorenz Estermann

Seit geraumer Zeit kristallisiert sich im künstlerischen Schaffen Estermanns ein wichtiges Leitmotiv von de- und rekonstruierten „Architekturen" heraus, welche sowohl in zeichnerischer und malerischer Weise, als auch in modellhaften Formen ihre Umsetzungen finden. Es handelt sich dabei um Gebilde, die eigenwillige Identitäten annehmen, Erinnerungsmechanismen in Bewegung setzen und Narrationen evozieren. Welche Phänomene damit angestoßen werden, sollen – vor allem auch im Hinblick auf ästhetische, ergonomische und raumgestalterische Aspekte – in diesem Beitrag fragmentarisch zum Anklang kommen.

Da wären zunächst einmal ökonomische und kulturpolitische Bedingungen, die zur Auseinandersetzung anregen und Verweise in die Epoche der Industrialisierung bzw. der industriellen Revolution herstellen. Einer historischen Phase also, die nicht nur Kommunikations- und Transporttechnologien vehement veränderte, sondern v.a. auch die Konstruktion des Bauens bzw. des Errichtens von Architekturen wesentlich beeinflusste. Die Neudefinition von Räumen ging mit dieser Entwicklung einher. Dies gilt naturgemäß sowohl für urbane Orte als auch für abgeschiedene ländliche Regionen. Estermann setzt hier mit seinen künstlerischen Untersuchungen an, wenn er sich auf die „Jagd" nach Bildern begibt. Dies geschieht einerseits als Recherchetätigkeit in der Auseinandersetzung mit Literatur und Magazinen der 60er und 70er Jahre, andererseits in Form ausgiebiger Expeditionen im Feld, die ihn zum Teil über Wochen hinweg vornehmlich durch osteuropäische Länder führen. Sein persönliches Archiv von Bildern und Literaturen bilden das Ausgangsmaterial seiner Hinterfragung nach Sinnhaftigkeit und Funktionalität, nach Erscheinungsformen und Repräsentation der gebauten Umwelt. In diesem Werkprozess werden in der Folge Fragen nach kulturellen, psychologischen und nicht zuletzt soziologischen Befindlichkeiten unserer Gesellschaft gestellt, deren Architekturen und also Raumproduktionen naturgemäß Spiegel- bzw. Abbilder gesellschaftlicher Veränderungen darstellen. Der umbaute Raum bzw. die gebaute Masse hat die besondere Eigenschaft, kulturgeschichtliche Befindlichkeiten und historische Erfahrungen zu speichern und damit lautlose Zeugnisse der Vergangenheit in Form von steiner-

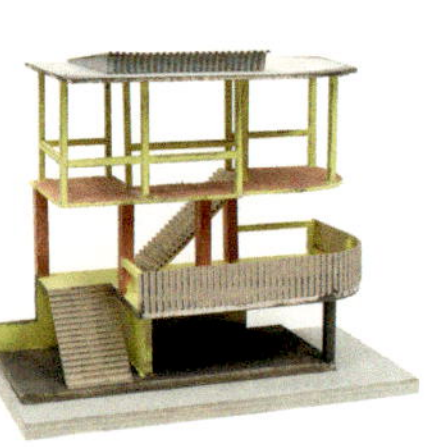

Plattform III, 2008
Sperrholz/Pappe/Wasserfarbe
Höhe: 34 cm
Plywood/Cardboard/Watercolour
Hetght 27 cm

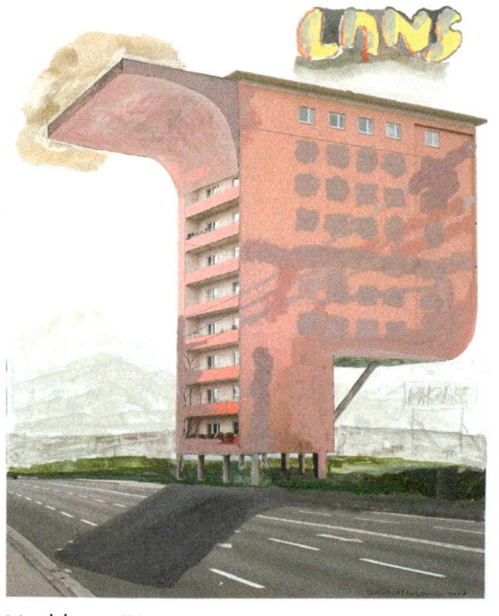

Hochhaus IX, 2007
Mischtechnik auf Digitaldruck/Büttenpapier
Mixed media on digital print/handmade paper

First and foremost are economic and culture-political conditions that cry out to be dealt with, and make reference to the epoch of industrialization or the Industrial Revolution. They thus refer to a historical phase that not only greatly changed communication and transportation technologies, but also and above all significantly influenced the system of construction and the erection of architectures. The redefinition of space accompanied these developments, and naturally this was just as true in urban locations as in secluded rural regions.

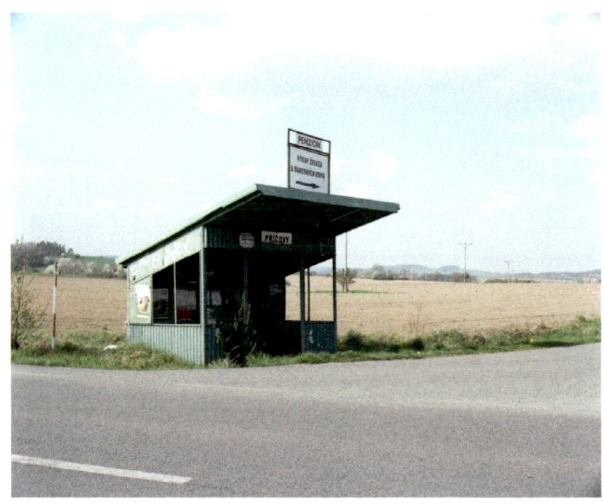

Wartehaus, Recherche Tschechien, 2008
Shelter, Czech Republic research, 2008

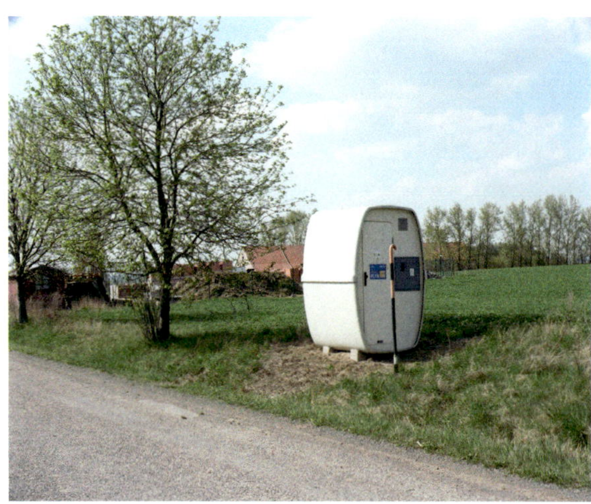

Stromkasten, Recherche Tschechien, 2008
Transformer box, Czech Republic research, 2008

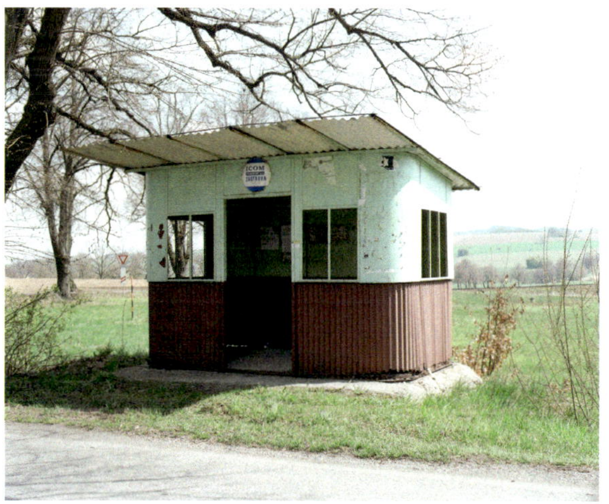

Wartehaus, Recherche Tschechien, 2008
Shelter, Czech Republic research, 2008

nen, gläsernen oder stählernen Dokumenten zu konservieren, in denen sich Geschichte manifestiert. Diese Speicherfähigkeit von gebauter Umwelt ist es auch, die aufgrund ihrer Möglichkeit zeitliche Phänomene zu absorbieren, Rückschlüsse auf kulturhistorische Befindlichkeiten erlaubt und - ähnlich sprachlicher Zeichensysteme in Form architektonischer Bilder - Mitteilungen darüber liefert: U.a. kommen einem in diesem Zusammenhang ökonomisch beeinflussende Aspekte wie Konsum, Freizeit und Tourismus in den Sinn, wobei gerade postmoderne Architekturen zunehmend als Marketingtool im Sinne touristischer Sensationen funktionieren. Architektonische Ikonen von weltbekannten und global agierenden Baukünstlern entstehen dergestalt aller Orten. Je außergewöhnlicher ihre signethaften „Bilder" nach Außen wirken, desto spektakulärere Zeichen (inklusive ökonomischer Umwegrentabilitäten) setzen sie. Doch halt, die Entwürfe und Modelle Estermanns stellen ganz und gar nicht jene zeitgenössischen Architekturlandmarks medial bekannter Stahl-Glas-Hochglanzästhetiken dar. Dazu wirken die Estermannschen Konstruktionen zu eigenwillig, unfunktional und ärmlich hinsichtlich ihrer Materialität, also viel zu sehr von einer anderen Welt, respektive aus einer fernen (avantgardistisch anmutenden) Zeit. Estermann nimmt sich gerade jener unscheinbar beiläufigen und vergessenen Baukörper (respektive Bausünden) an und erhebt bzw. stilisiert diese zu außergewöhnlichen Skulpturen mit einem hohen Potential an Aura und Sinnlichkeit. Versucht der Künstler durch seine Infiltrationen gar, so fragt sich der Betrachter, der Idee einer romantischen Reflexion Ausdruck zu verleihen? So unschön und herun

Estermann begins here with his artistic investigations, by going "hunting" for images. On the one hand this hunt occurs as research, in his intense study of literature and magazines from the nineteen sixties and nineteen seventies, and on the other hand it takes the form of extensive field expeditions that sometimes occupy him for weeks, principally through Eastern European countries. His personal archive of pictures and literature form the starting point of his search for meaningfulness and functionality, and for forms of manifestation and representation of the built environment. In this working process he consequently asks questions about our society's cultural, psychological, and not least sociological states, the architectures and therefore spatial productions of which are naturally mirror reflections or illustrations of societal change. Cubic space and constructed spatial volumes have the special property of storing culture-historical states and historical experiences and thus, as silent witnesses to the past, of conserving a form of stone, glass, or steel documentation in which history manifests itself. This storage capability of the built environment also, through its ability to absorb temporal phenomena, allows conclusions about culture-historical states to be formed, and sends us messages, like linguistic notations in the form of architectural images, about these. In this context one thinks, among other things, about economically influential aspects such as consumption, leisure time, and tourism, whereby postmodern architecture in particular increasingly functions as a marketing tool in the sense of providing touristic sensations. Architectural icons are being created everywhere in this manner by world-famous and glo-

tergekommen die realen architektonischen „Vorbilder" auch wirken mögen, so weisen sie doch eine schlichte Erhabenheit auf. Aber was definiert per se das Erhabene oder Schöne einer Architektur bzw. Skulptur? Eben gerade mit diesem methodischen Kunstgriff von Dekonstruktion und Rekonstruktion weist Estermann augenzwinkernd auf den Strukturwandel des Planens, Bauens und Benützens hin und führt dabei die theoretische Analyse von Mensch-Technik-Systematik bzw. Benutzer-Objekt-Verhältnis in ein bewusstes oder unbewusstes Erleben über. Mit dem Aufkommen des Begriffs Design wurde die Schnittstelle Mensch-Technik im ergonomischen Sinne erstmals im Bauhaus einer genaueren Betrachtung unterzogen und später vom kalifornischen Produktdesigner Henry Dreyfuss nicht nur im Sinne der Gestaltung, sondern auch der Bedienbarkeit von Produkten weiterentwickelt.

Zurück zu Lorenz Estermann. Fotografien von realen Situationen sind meist Ausgangspunkt seiner künstlerischen Untersuchungen sowohl im Bereich der Zeichnung oder Collage als auch in seinen modellartigen Konstruktionen. Danach folgt die Ausblendung von Fragmenten, die Hinzufügung von formalen Versatzstücken, die Setzung von dramatisch (zum Teil absurden) architektonischen Gesten. Die verschiedenen Elemente der Baukörper zeigen sowohl sichtbare Anfügungen in Form eigentümlicher Auskragungen als auch radikale Reduktionen, die der Stabilität von Gebäudefiguren eine spielerische Leichtigkeit verleihen. Die Umformungen Estermanns ermöglichen die Hinterfragung der Baukörper hinsichtlich Zweck, Gebrauch, Ästhetik und nicht zuletzt deren Platzierung im Raum und ihre historische Kontextualisierung. Das Ergebnis dieser Strategie ist die Akzentuierung auf spezielle

bally operating architects. The more unusual their signature "pictures" seem from the outside, the greater the spectacular mark they make (which includes indirect economic returns). Yet Estermann's designs and models do not at all illustrate that contemporary glass and steel high-gloss aesthetic, so well known in the media, of the architectural landmark. For this the Estermannian constructions seem too unconventional, non-functional, and poor in terms of materials, and thus seem much too much to be from a different world or a distant (seemingly avant-garde) time. It is precisely such inconspicuously casual and forgotten structures (or eyesores) that Estermann adopts, raising or stylizing them to the status of unusual sculptures with a high potential for aura and sensuality. Viewers ask themselves whether the artist, with his subversions, may even be trying to express an idea of romantic reflection. As unsightly and shabby as the real architectural "models" may seem, they do exhibit a simple sublimity. But what, per se, defines the sublime or beautiful in a piece of architecture or sculpture? Using precisely this methodical trick of deconstruction and reconstruction Estermann makes tongue-and-cheek reference to the structural changes taking place in planning, building, and using, thereby transforming the theoretical analysis of man-technology-systematic or user-object-relationship into a conscious or unconscious experience. With the advent of the concept of design, the interface between people and technology in an ergonomic sense was first subjected to more intense scrutiny in the Bauhaus, later to be developed further by Californian product designer Henry Dreyfuss not just in the sense of design, but also in terms of the serviceability of products.

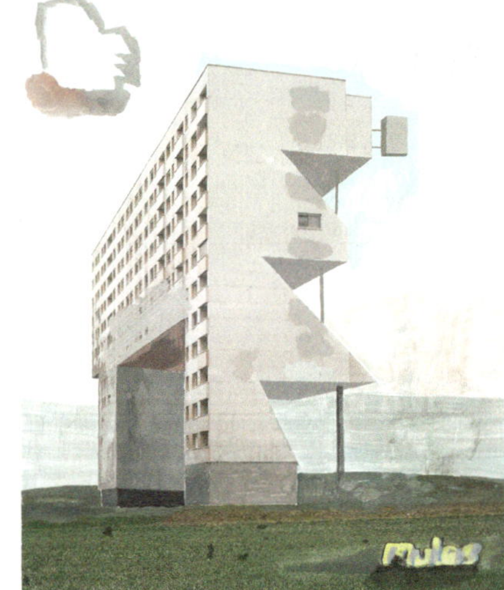

Hochhaus V, 2007
Mischtechnik auf Digitaldruck/Büttenpapier
Mixed media on digital print/handmade paper

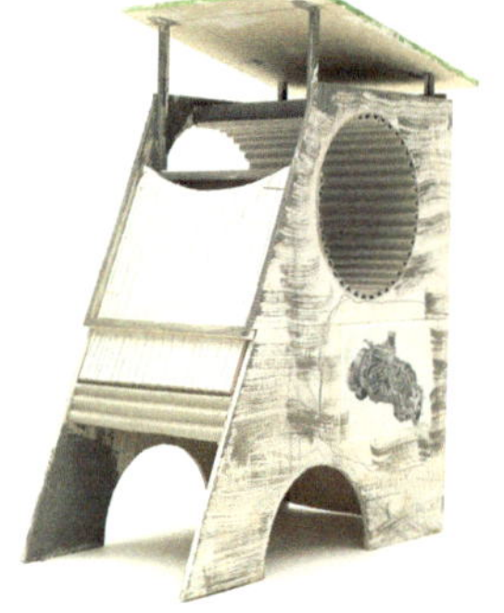

Hochstand, 2005
Speerholz/Pappe/Wasserfarbe
Höhe: 27 cm
Plywood/cardboard/watercolour
Height: 27 cm

Bestandteile und in der Folge die Neuverknüpfung und -kreation von Inhalten. Beim Konstruieren seiner Modelle hinsichtlich ihrer Hülle bzw. Oberflächen arbeitet der Künstler mit Materialien wie Karton, Sperrholz und Papier, deren Oberfläche er grafisch oder malerisch mit einem Anklang von schmutziger Ästhetik markiert, sodass sie eine Aura des Einfachen und Unspektakulären ausstrahlen. Sie wirken in Bezug auf ihre Attitüde fragil und kaum repräsentativ, der Aspekt der Dauerhaftigkeit von gebauten Monumenten wir ersetzt durch Vergänglichkeit und Instabilität, was wesentlich an der Beschaffenheit der Gebäude liegt. Auslöschung, Leere und das Nichts in Form formaler Reduktionen sind jene Metaphern, mit denen der Künstler offene Zonen schafft und damit gerade das Differente durch Freilassungen und die Kreation von Leerräumen, fokussiert. Dergestalt definiert Estermann Gebäude und Räume neu und generiert damit Möglichkeitsräume. Fiktion bleibt bei Estermann bewusst Fiktion, ohne Intention selbst Baukünstler oder Designer sein zu wollen, im Gegenteil, ganz und gar sich dem Luxus des künstlerischen Konstruierens bzw. ästhetischen Komponierens hinzugeben. Verwirrt, manchmal auch amüsiert, bleibt der Betrachter mit Estermanns grotesk wirkenden, deformierenden Eingriffen zurück. Des Betrachters Empfindung erkennt, dass diese kühnen Gebilde so nicht funktionieren können, denkt man etwa an die Statik verschiedener Gebäudekonstrukte. Kategorien von Masse und Gewicht werden so hinsichtlich ihrer Eigenschaften ad absurdum geführt. Massive Baukörper beginnen teilweise zu schweben, so als würde das Grundgesetz der Gravitation – welches nicht nur für die Architektur, sondern für alles Leben auf dem Planeten prägend ist – außer Kraft gesetzt und somit Kausalitäten bzw. Normalitäten des Alltäglichen relativiert. Diese mitunter als gaukelnde Illusion erscheinenden, die physikalischen wie logischen Gesetzlichkeiten außer Kraft setzenden, Manipulationen Estermanns, erinnern an die frühen collageartigen Fotomontagen („Transformationen") von Hans Hollein aus den 6oer Jahren, in denen er eigenartige Objekte wie Flugzeugträger, einen Kühlergrill etc. als Architekturen in die Landschaften oder auch in ein Stadtbild integrierte. Ähnlich dieser Holleinschen „Transformationen" spielt Estermann auf fast schelmische Weise mit des Betrachters Rezeption und Wahrnehmung Katz und Maus. In seinen Modellen wie in den Zeichnungen entfalten die unscheinbarsten und beiläufigsten Gegenstände und Architekturen ein metaphorisches Potential. Der sachlich-kühle Phänomenologe wird nicht nur zum Zeugen, sondern zugleich zum Deuter von Geschichte. Die zeitgeschichtlichen Umbrüche dokumentiert Estermann aus der subjektiven Sicht eines Spurensuchers, zunächst wie erwähnt

Back to Lorenz Estermann. Photographs of real situations are generally the starting points for his artistic investigations both in the areas of drawing or collage, and for his model-like constructions. Thereafter follows a process of blending out fragments, adding formal scenic props, and placing dramatic (and sometimes absurd) architectural gestures. The various elements of the structures display both visible appurtenances in the form of strange projections as well as radical reductions, which lend a playful ease to the stability of building features. Estermann's revisions permit a questioning of the structure's purpose, use, aesthetics, and not least its placement in space and its historical contextualization. The result of this strategy is the accentuation of particular components and subsequently the recombination and recreation of meaning. While structuring the coverings or surfaces of his models the artist works with materials such as cardboard, plywood, and paper, the surfaces of which he draws or paints upon with a hint of a grubby aesthetic, so that they radiate a simple and unspectacular aura. In attitude they seem fragile and hardly prestigious; the usual sense of the durability of constructed monuments is replaced by transitoriness and instability, and this is fundamentally due to the nature of the buildings. Obliteration, emptiness, and nothingness in the form of formal reductions are those metaphors with which the artist creates open zones and in this manner precisely focuses upon the 'different' by means of omissions and the creation of empty spaces. In this way Estermann redefines buildings and spaces, thereby generating possibility space. Fiction consciously remains fiction in Estermann's work, and he has no intention of becoming an architect or designer himself, but on the contrary of devoting himself completely to the luxury of artistic design and aesthetic composition. Viewers, confused but sometimes also amused, are left faced with Estermann's seemingly grotesque, deforming interventions. Viewers get a sense that these bold formations could not function in this way, if one considered, for example, the statics of various building constructions. The characteristics of the categories mass and weight are thus taken to the point of absurdity. Solid structures sometimes seem to float as if the law of gravity – which holds not just for architecture but for all life on the planet – had been suspended, thereby putting everyday causation and normality into perspective. These manipulations of Estermann's, which sometimes seem like fluttering illusions that set the laws of physics and logic out of force, are reminiscent of earlier collage-like photomontages ("Transformations") made by Hans Hollein in the nineteen sixties, in which he integrated strange objects like airplane wings, a radiator grille, etc., as architecture in landscapes or in a

mit fotografischem Blick, danach in Form der Konstruktion von Modellen und Zeichnungen. Auf dieser Spurensuche berührte er vergessene, zum Teil lange Zeit nicht betrachtete Orte. Dabei praktiziert er eine sehr persönliche Art von Feldforschung: Forschung im eigenen Denken, Forschung auch in einem weltvergessenen Gebiet eines Niemandslandes, das einem steten Wandel unterzogen ist. Durch seine künstlerischen Interventionen erweckt er die Dinge aus dem Schlaf zum Leben, die bizarre, ironische und immer unprätentiöse Geschichten erzählen.

Obwohl das menschliche Wesen in seinen Arbeiten meist ausgeschlossen wird, denkt man als Betrachter unweigerlich auch die soziologische Ebene mit; bedingen die Bauhüllen eben auch eine konkrete Arbeits- und Lebensform, die man unweigerlich mit- bzw. weiterdenkt. Estermann scheint es folglich auch um das Erfassen von erfahrbaren Strukturen in den Landschaften des Niemandslandes zu gehen, womit auch psychologische Räume entstehen, die sich mehr oder weniger seelenlos vor dem Betrachter präsentieren.

cityscape. Similar to these Holleinian "Transformations", Estermann almost mischievously plays cat and mouse with the viewer's reception and perception. In his models and drawings the most inconspicuous and desultorily objects and architectures develop metaphorical potential. Soberly cool phenomenology becomes not only a witness, but simultaneously an interpreter of history. Estermann documents these contemporary radical changes from the subjective viewpoint of a tracker, firstly as mentioned through photography, and then by constructing models and drawings. On this hunt he encounters forgotten and sometimes long-neglected places. Thereby he practices a very personal type of field research: research into his own thinking, and also research into a world-oblivious no man's land, which is subject to constant change. Through his artistic interventions he awakens things out of their sleep and brings them back to life, and they tell bizarre, ironic, and always unpretentious stories.

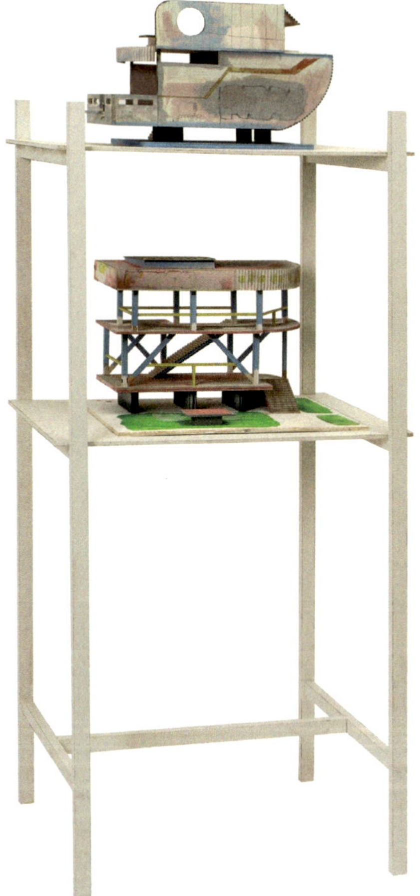

Objektregal mit Strandhaus II (oben) und Plattform VII
Sperrholz/Pappe/Wasserfarbe
Höhe Regal: 130 cm
Object stand with Strandhaus II (above) and Plattform VII
Plywood/cardboard/ watercolour
Stand height: 130 cm

Die eigenwilligen Überlagerungen und damit Relativierungen Estermanns von virtuellen und realen Architekturen sowie von fiktiven Raumkonstruktionen heben konventionelle Raumdefinitionen auf und lassen dadurch neue räumliche Strukturen bzw. Typologien entstehen. Die Transformation von Architekturen, Räumen oder auch Infrastrukturen wird durch seine minimalistisch wirkenden künstlerischen Arbeiten analysiert und bildnerisch hypertrophiert und damit letztlich ein neuer Typus von fiktiver Skulptur und Plastik prägnant vor Augen geführt. In Zeiten globalisierter virtueller Räume provoziert Estermann somit Fragen nach der direkten Umwelt, nach Architekturen, Orten, Typologien, Morphologien, Landschaften und nicht zuletzt Identitäten, die unsere (Lebens-)Räume und damit Existenz wesentlich bestimmen. Estermann schafft damit neue Möglichkeitsräume und Betrachtungsweisen, die den Betrachtern Wahrnehmungs- und Gedankenarbeit abverlangen, um die utopischen Entrückungen seiner Entwürfe zu erkennen und die vielschichtigen Bedeutungen seiner Transformationen zu erahnen, hinter denen sich das Abenteuer des veränderten Blicks von Figur, Skulptur, Plastik und Form verbirgt.

Hans-Peter Wipplinger *

„Es reicht nicht aus, das Auge zu erfreuen, die Architektur muss unsere Seele berühren"
Nicolas Le Camus de Mézières (The Genius of Architecture; or The Analogy of that Art with our Sensations, Santa Monica, 1992)

Although human beings are generally excluded from his work, it inevitably provokes viewers to follow the artist's train of thought on the sociological level; indeed the shell-like buildings also condition a concrete form of work and life, which one inevitably understands and expands upon. Consequently Estermann also appears concerned with capturing the tangible structures and landscapes of no man's land, and this also creates psychological spaces which present themselves more or less soullessly to viewers.

Estermann's unconventional superimpositions and thus relativizations of virtual and real architectures, as well as of fictitious spatial constructions, negate conventional definitions of space, allowing new spatial structures and typologies to arise. His seemingly minimal artistic works analyze the transformation of architectures, spaces, and infrastructures, becoming sculpturally hypertrophic and ultimately then, a concisely presented, new type of fictional sculpture and three-dimensional object. In an era of globalized virtual spaces, Estermann provokes questions about the direct environment and about architectures, places, typologies, morphologies, landscapes, and not least identities, all of which significantly condition our (living-) spaces and thereby our existence. With this, Estermann creates new possibility spaces and ways of looking at things. From viewers, these demand new perceptual and intellectual efforts in order to recognize the utopian disassociation of his designs and to divine the multilayered meanings of his transformations, behind which is hidden the adventure of the altered view of figures, sculptures, three-dimensional objects, and form.

Hans-Peter Wipplinger * (Translation: Sean Gallagher)

"It is not enough to please the eyes; [Architecture] must touch the soul"
Nicolas Le Camus de Mézières (The Genius of Architecture; or The Analogy of that Art with our Sensations, Santa Monica, 1992)

* Geboren 1968 in Schärding / Oberösterreich. Studium der Kunstgeschichte, Theaterwissenschaft, Publizistik und Kommunikationswissenschaft an der Universität Wien. Mitarbeit im O.K Centrum für Gegenwartskunst Linz; New Museum of Contemporary Art New York; Vienna International Film Festival; Direktor des Museums Moderner Kunst Passau (2003–2007); Geschäftsführer des Kunst- und Kommunikationsbüros art:phalanx (seit 1997). Kurator zahlreicher Gruppenausstellungen sowie Personalen zur Klassischen Moderne und zur Gegenwartskunst, u.a.: Max Beckmann, Joseph Beuys, Erwin Bohatsch, Dietmar Brehm, Anna Jermolaewa, Birgit Jürgenssen, Jürgen Klauke, Jso Maeder, Paula Modersohn-Becker, Zoran Music, Gabriele Münther, Yoko Ono, Dan Perjovschi, Hiroshi Sugimoto, Miroslav Tichý, Franz West. Autor und Herausgeber zahlreicher Publikationen. Lebt und arbeitet in Wien.

* Born 1968 in Schärding / Upper Austria. Studied Art History, Theatre Studies, Journalism and Communication Science at the University of Vienna. Employed at the O.K Centrum für Gegenwartskunst Linz; New Museum of Contemporary Art New York; and Vienna International Film Festival. Director of the Museum Moderner Kunst Passau (2003–2007). Managing director of the Kunst- und Kommunikationsbüro art:phalanx (since 1997). Curator of numerous group and single-artist exhibitions on Classical Modernism and contemporary art, including: Max Beckmann, Joseph Beuys, Erwin Bohatsch, Dietmar Brehm, Anna Jermolaewa, Birgit Jürgenssen, Jürgen Klauke, Jso Maeder, Paula Modersohn-Becker, Zoran Music, Gabriele Münther, Yoko Ono, Dan Perjovschi, Hiroshi Sugimoto, Miroslav Tichý, and Franz West. Author and publisher of numerous publications. Lives and works in Vienna.

Ergonomie de l'architecture
Impressions et réflexions sur les
espaces construits dans
l'œuvre de Lorenz Estermann

Dans la production artistique de Lorenz Estermann se cristallise ces dernières années le leitmotiv d'une «architecture» de déconstruction et de reconstruction, trouvant son expression à la fois à travers le dessin et la peinture et dans des formes au caractère de maquettes. Il s'agit ici d'objets qui adoptent une identité particulière, déclenchant un processus de mémoire et évoquant une histoire. Cet article se donne pour objectif d'aborder certains des phénomènes qu'ils exhortent, essentiellement du point de vue de leur esthétique, de leur ergonomie et de leur design.

Rappelons tout d'abord ces conditions économiques et politico culturelles qui incitent à la réflexion et ces références à l'époque de l'industrialisation et à la révolution industrielle, donc à une période de l'histoire où non seulement les technologies de la communication et des transports furent fondamentalement bouleversées, mais où furent surtout révolutionnées les techniques de la construction et de l'architecture. Cette évolution entraîna une redéfinition de l'espace. Celle-ci eut lieu dans les zones urbaines comme dans les régions rurales les plus isolées. C'est précisément à ce niveau que se concentrent les expériences artistiques d'Estermann lorsqu'il part «à la chasse» aux images. Il l'entreprend d'une part grâce à un travail de recherche dans la littérature et les magazines des années 60 et 70, et d'autre part au moyen de longues expéditions sur le terrain, qui le conduisent parfois des semaines durant essentiellement dans les pays de l'Europe de l'Est. Ce sont ensuite ses archives personnelles d'images et d'ouvrages qui fournissent le matériel de base à sa réflexion sur le sens et la fonctionnalité, sur les apparences et la symbolique de l'urbanisation de l'espace. Puis, Estermann s'interroge à travers son œuvre sur la situation culturelle, psychologique et bien entendu sociologique de notre société, dont les architectures et ainsi toutes les formes de constructions reflètent de par leur nature l'évolution de la société. L'espace construit et donc l'objet de la construction lui-même ont la faculté d'enregistrer la situation historico-culturelle et l'expérience historique, ils sont autant de témoins muets du passé, conservés sous forme de documents de pierre, de verre ou de métal, manifestations de l'histoire. Cette propriété de documentation que possède l'urbanisation de l'espace permet, grâce à cette apti-

tude à absorber les phénomènes temporels, d'évaluer la situation historique et culturelle et, tel un système de signes linguistiques sous forme d'images architecturales, de nous fournir des informations. Dans ce contexte, on peut penser entre autres aux aspects économiques tels que la consommation, le loisir et le tourisme, dans la mesure où tout particulièrement l'architecture postmoderne se révèle être un instrument de marketing au service de grands événements touristiques. C'est ainsi que naissent de toutes parts des icônes architecturales d'artistes célèbres et profitant de l'ère de la mondialisation. Plus leurs «images», qui portent leur signature telle une empreinte, s'imposent au public par leur excentricité, plus leur témoignage paraît spectaculaire (y compris celui de leur rentabilité économique indirecte). Ceci dit, les esquisses et les maquettes d'Estermann ne reproduisent en rien cette esthétique architecturale contemporaine phare de verre et de métal, reluisante et médiatique. Car les constructions d'Estermann semblent bien trop

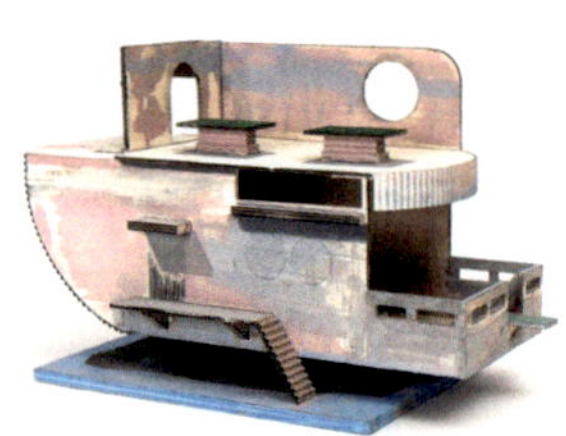

Strandhaus II, 2008

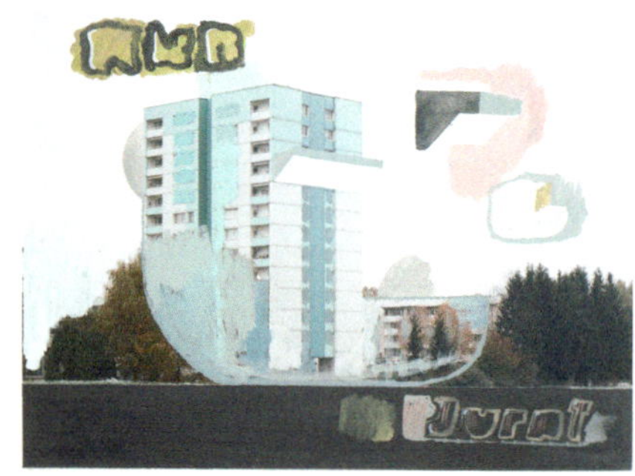

Hochhaus IV, 2007
Technique mixte sur impression
numérique/papier à la cuve

individuelles, non fonctionnelles et fragiles de par leur matérialité, semblant véritablement surgies d'un autre monde et d'une époque lointaine (de style avant-gardiste). Estermann reprend précisément des corps de bâtiments peu impressionnants et tombés dans l'oubli (ainsi que des «scandales» architecturaux) pour les transformer en sculptures hors du commun, d'une aura et d'une sensualité fortes. Avec ses remaniements, l'artiste tenterait-il peut-être, s'interroge le spectateur, d'exprimer son idée d'une réflexion romantique ? En dépit de la laideur et du mauvais état de leurs vrais «modèles» architecturaux, ces œuvres dégagent une beauté naturelle. Mais comment définir la qualité ou la beauté en architecture ou en sculpture ? C'est justement au moyen de cet artifice de la méthode de déconstruction et de reconstruction qu'Ester-

mann pointe du doigt avec une touche d'ironie ce changement structurel de la planification, de la construction et de l'utilisation, donnant – intuitivement et empiriquement - corps et vie à l'analyse théorique du tandem homme / technique et du rapport utilisateur / objet. C'est avec l'apparition du concept de design que furent examinées pour la première fois dans le Bauhaus les interférences homme / technique au sens ergonomique, et ce fut plus tard le designer californien Henry Dreyfuss qui les développa, du point de vue de la réalisation des objets mais également de leur maniabilité.

Revenons à Lorenz Estermann. Ce sont généralement des photographies de situations concrètes qui forment le point de départ de ses recherches artistiques, à la fois dans le domaine du dessin, du collage et de ses constructions proches de la maquette. Il réalise ensuite des fondus de fragments, ajoute des objets de décors formels et appose des éléments architecturaux dramatiques (en partie absurdes). Les différents éléments des constructions laissent apparaître d'une part de curieuses adjonctions protubérantes et d'autre part des suppressions extrêmes qui confèrent une sensation de légèreté à la stabilité des silhouettes de bâtiments. Les transformations d'Estermann soulèvent des questions sur la fonction, l'usage, l'esthétique de ces constructions et surtout sur le lieu de leur implantation, et ceci ramené à leur contexte historique. Cette stratégie permet de mettre en valeur certaines composantes de

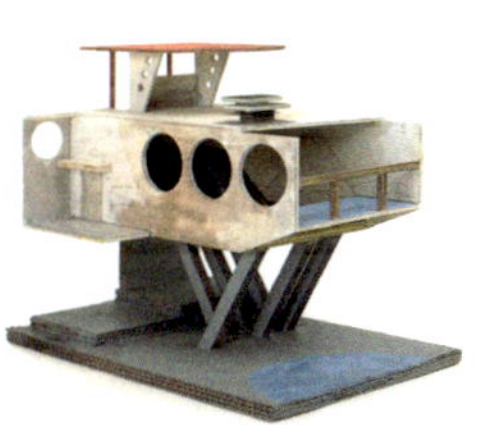

Poolhouse V, 2008

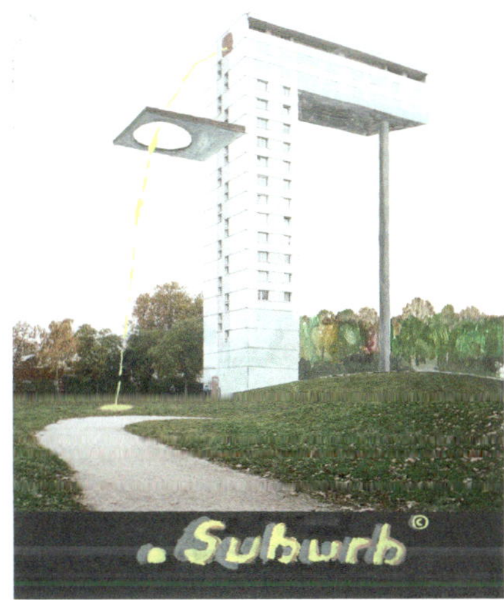

Hochhaus VII, 2007
Technique mixte sur impression numérique/
papier à la cuve

la construction en réalisant de nouvelles connexions et associations d'idées. Pour réaliser ses maquettes, l'artiste utilise pour l'extérieur ou pour les surfaces des matériaux tels que le carton, le contre-plaqué et le papier, qu'il orne de peintures ou d'éléments graphiques avec un semblant d'esthétique vulgaire, qui nous donne une impression de simplicité, leur ôtant leur aspect spectaculaire. Elles paraissent fragiles et peu imposantes, l'aspect durable que nous inspirent les constructions laissant place à l'éphémère et à l'instabilité, dus essentiellement à la manière dont sont faits les bâtiments. L'anéantissement, le vide et le néant sous la forme de réductions formelles sont les métaphores dont se sert l'artiste pour créer des zones d'ouverture, mettant l'accent sur la distorsion réalisée par l'affranchissement et la création d'espaces vides. Ainsi, Estermann redéfinit bâtiments et espaces, concevant de nouvelles possibilités d'espaces. Estermann opte volontairement pour la fiction, il n'a nulle ambition de devenir lui-même architecte ou designer ; il s'adonne au contraire au luxe de la construction artistique et de la composition esthétique. Le spectateur est interloqué, quelquefois amusé, des interventions et déformations parfois grotesques d'Estermann. Il prend conscience que ces objets osés ne peuvent exister, au vu de la statique de certaines créations. Les catégories de la masse et du poids et leurs propriétés sont traitées par l'absurde : des constructions à l'aspect massif se mettent à flotter dans les airs, abolissant les lois de la gravitation, valables autant pour l'architecture que pour tous les êtres vivants sur la planète, relativisant ainsi les causalités et les normes de la vie quotidienne. Les manipulations d'Estermann, qui ressemblent à des jeux d'illusions ignorant les lois logiques de la nature, rappellent les premiers montages photos proches du collage (Transformations) de Hans Hollein dans les années 60, dans lesquels étaient intégrés en guise d'architecture des objets insolites tels des porte-avions, des calandres, etc… au milieu de paysages ou de villes. A l'instar de ces Transformations de Hollein, Estermann joue avec espièglerie au chat et à la souris avec le regard et l'interprétation du spectateur. Dans ses maquettes comme dans ses dessins, les objets les plus insignifiants et anodins prennent une dimension métaphorique. Le phénoménologue sobre et méthodique n'est plus simple témoin, mais aussi interprète de l'histoire. Estermann documente les grands bouleversements de l'histoire comme des pistes, d'abord en suivant son regard photographique, puis par la réalisation des maquettes et des dessins. A la recherche de pistes, il a découvert des lieux oubliés, qui en partie n'avaient plus été contemplés depuis longtemps. Sur le terrain, Il pratique ses recherches de manière très personnelle, s'interrogeant sur ses propres observations, étudiant les

endroits perdus d'un no man's land en perpétuelle évolution. Ses interventions artistiques redonnent vie aux choses, qui nous racontent des histoires, avec une certaine ironie mais toujours sans prétention.

Bien que les êtres vivants ne soient généralement pas représentés dans ces œuvres, le spectateur leur confère inévitablement une dimension sociologique, car nous associons nécessairement à ces constructions un cadre de vie et de travail. Manifestement, Estermann souhaite capter des structures concrètes dans des paysages désertiques, engendrant des espaces psychologiques qui se présentent au spectateur vidés de leur âme.

Ces superpositions originales – visant à la relativisation – d'architectures réelles et virtuelles, ainsi que ses constructions fictives remettent en question les définitions conventionnelles de l'espace, créant de nouvelles structures et typologies. La transformation d'architectures, d'espaces et d'infrastructures est analysée et hypertrophiée dans ces travaux artistiques à l'apparence minimaliste dans le but de nous confronter à un nouveau genre de sculpture et d'art plastique fictif. A l'époque des espaces virtuels mondialisés, Estermann provoque et soulève des questions sur notre environnement direct, sur nos architectures, leur emplacement, sur nos typologies, nos morphologies, nos paysages et aussi nos identités, qui définissent pour une large part nos espaces (vitaux) et donc notre existence. De cette manière, Estermann crée de nouveaux espaces possibles et de nouvelles perspectives qui sollicitent un travail de perception et de réflexion de la part du spectateur afin qu'il prenne conscience du décalage utopique de ses esquisses et des multiples significations de ces transformations, derrière lesquelles se dissimule l'aventure d'une vision transfigurée des choses, des matières, des sculptures et des formes.

Hans-Peter Wipplinger * (traduction Florence Hetzel)

«C'est peu de plaire aux yeux, il faut émouvoir l'âme.»
Nicolas le Camus de Mézières (Le Génie de l'architecture ou l'analogie de cet art avec nos sensations, Paris, 1780)

* Né en 1968 à Schärding/Autriche. Etudes d'histoire de l'Art, d'Arts du spectacle, de journalisme et de sciences de la communication à l'Université de Vienne (Autriche). Il a travaillé au « O.K Centrum für Gegenwartskunst » de Linz (maison de la culture et de l'art contemporain de Linz, Haute-Autriche), au New Museum of Contemporary Art de New York, au Vienna International Film Festival ; il a été directeur du Museum Moderner Kunst (Musée d'Art moderne) de Passau (de 2003 à 2007), directeur de l'agence de communication et d'art « art:phalanx » depuis 1997. Administrateur de nombreuses expositions personnelles et collectives d'Art moderne et contemporain ; auteur et éditeur de nombreuses publications. Il vit et travaille à Vienne.

Arbeiten auf Papier
Works on paper
Travaux sur papier

Mischtechnik auf Pigmentdruck/Büttenpapier
Mixed media on pigment print/handmade paper
Technique mixte sur impression avec procédé au charbon/
papier à la cuve

60 x 80 cm

alp 2008

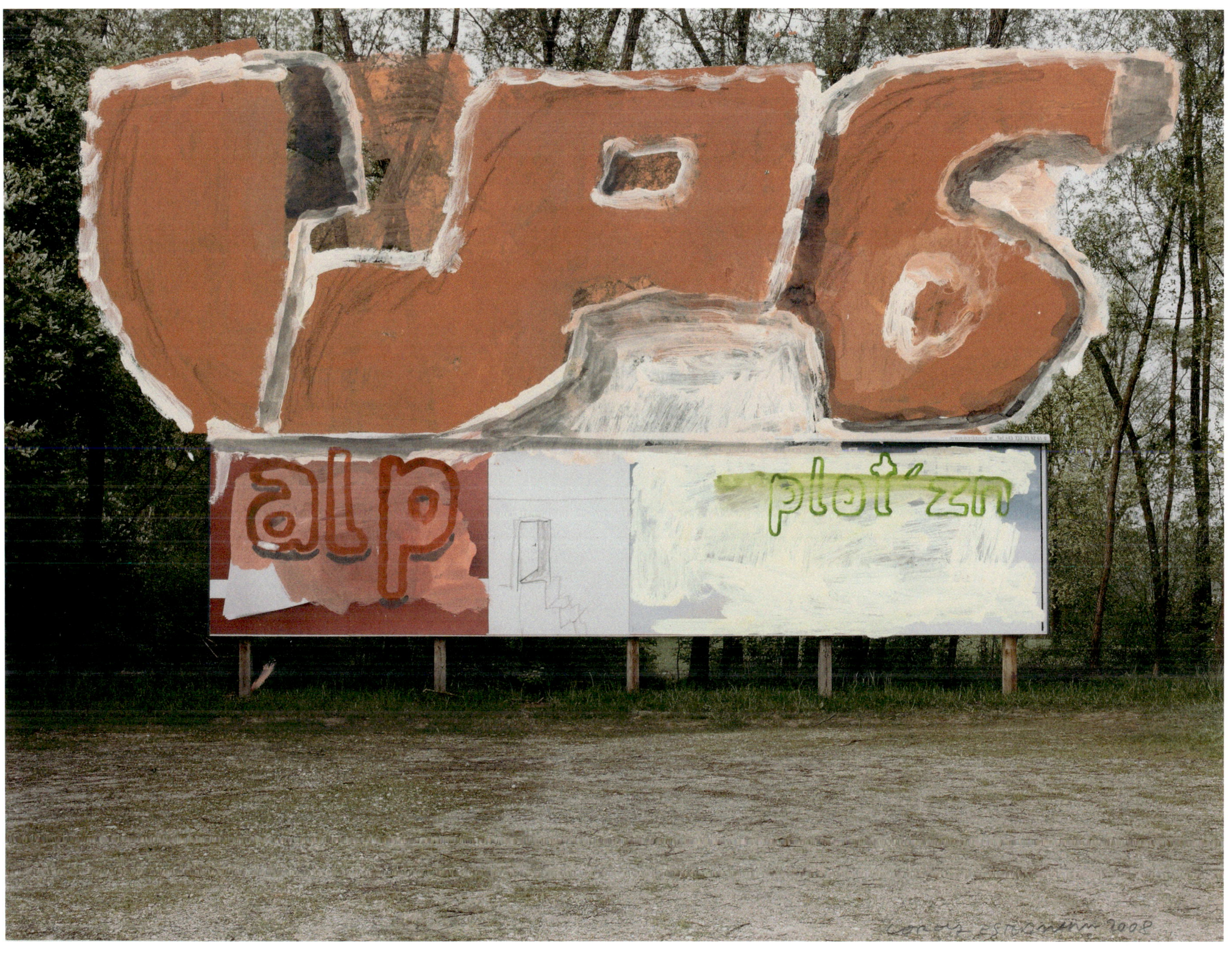
alp
ploťzn

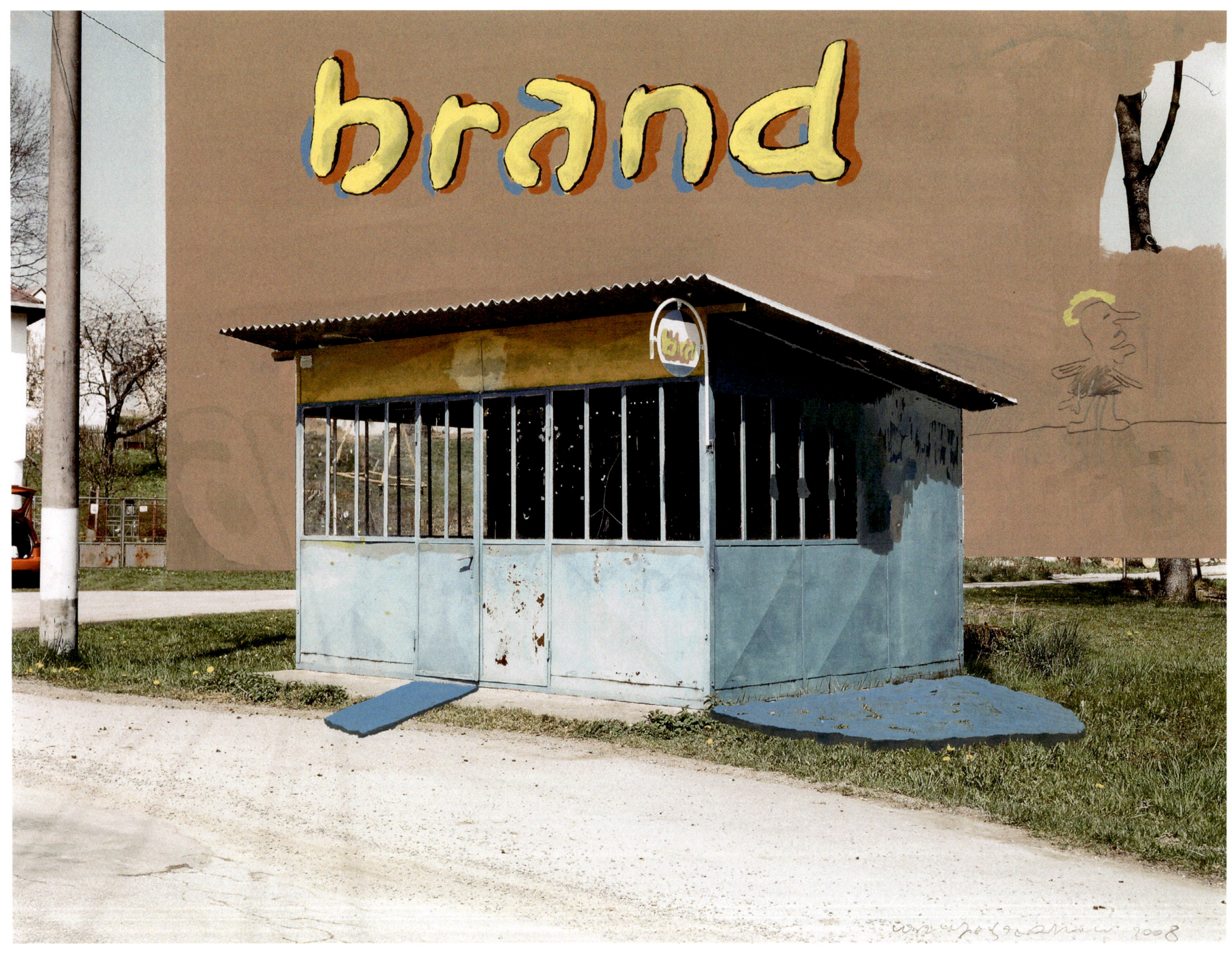

brand 2008

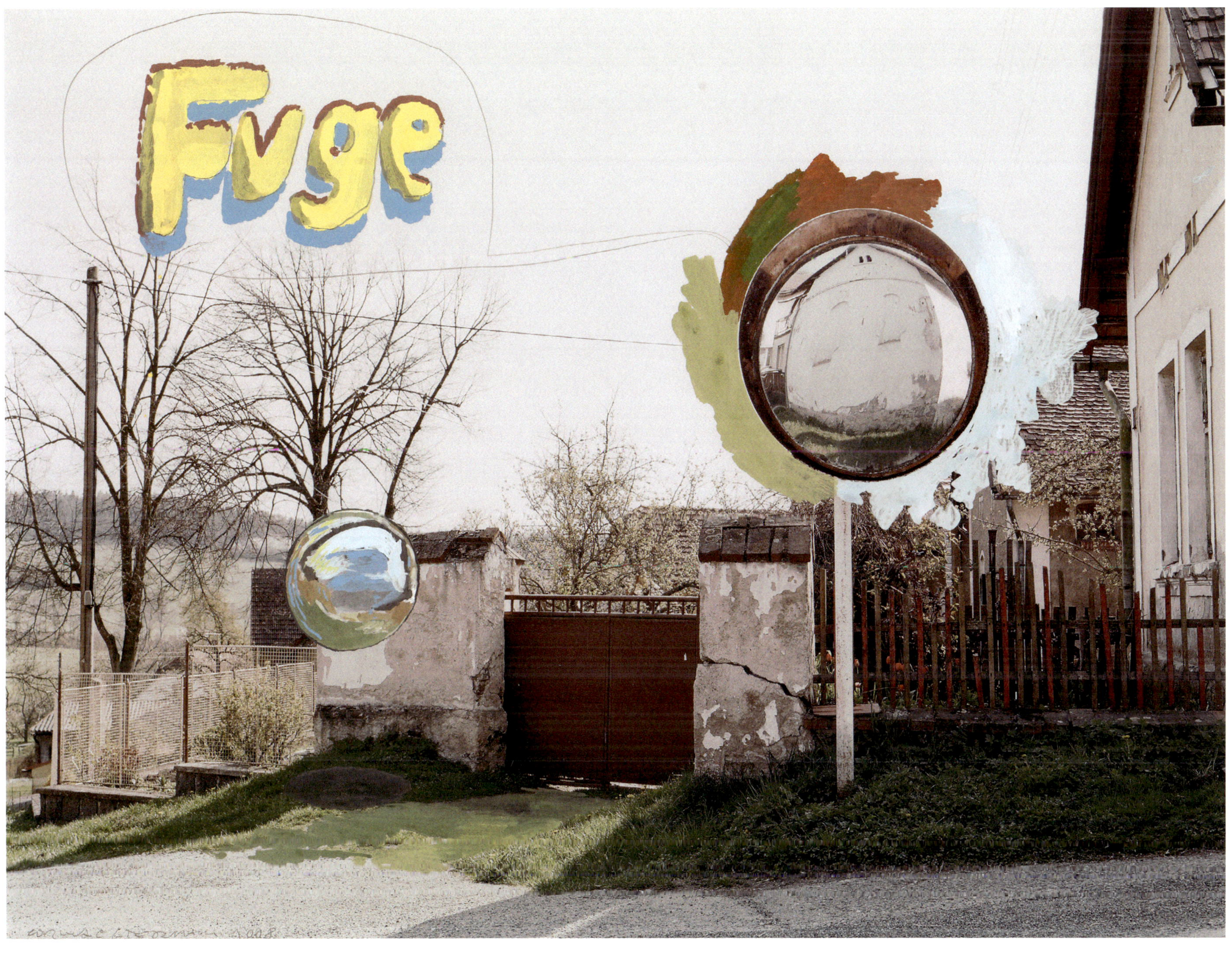

Гugе 2008

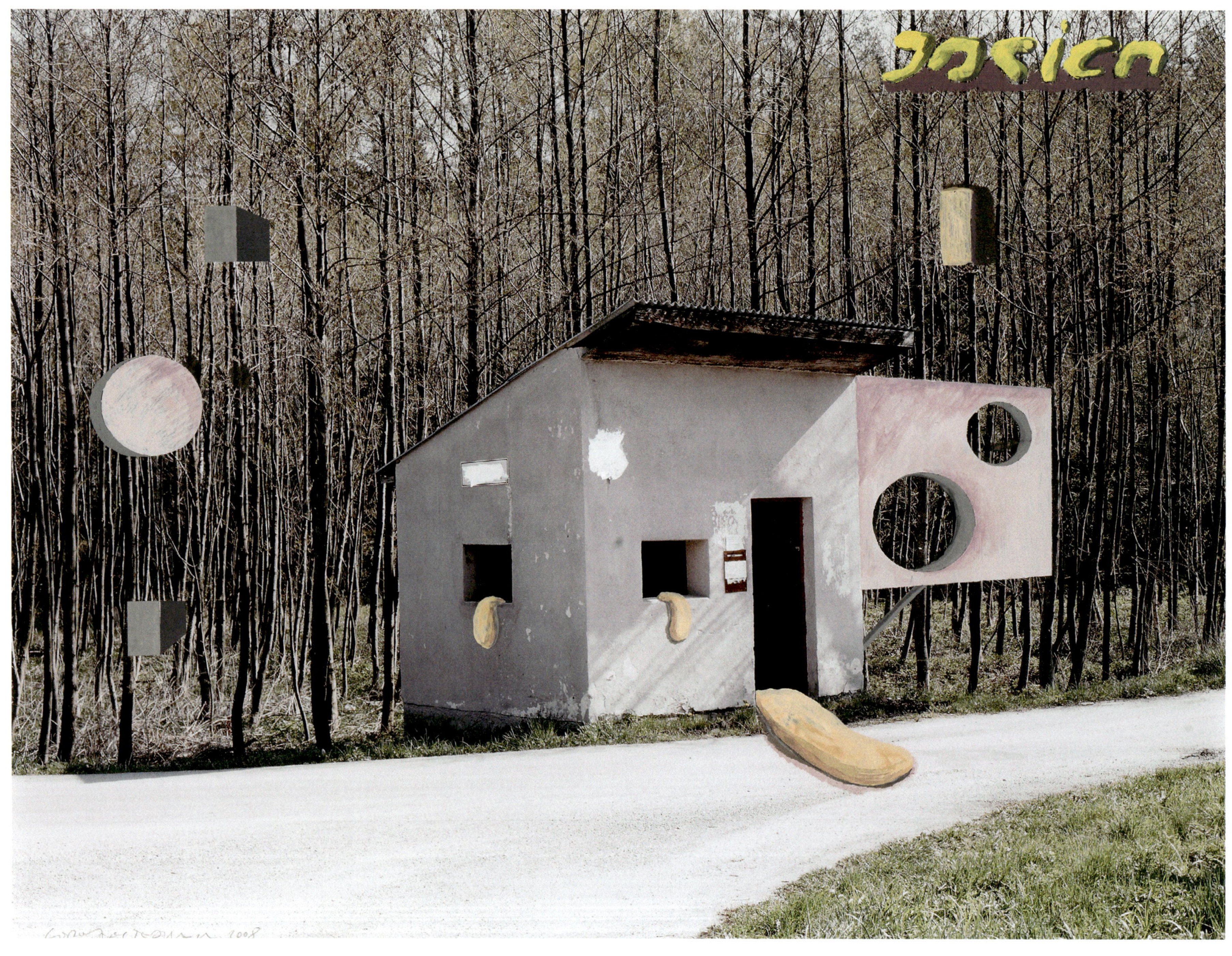

josien 2008

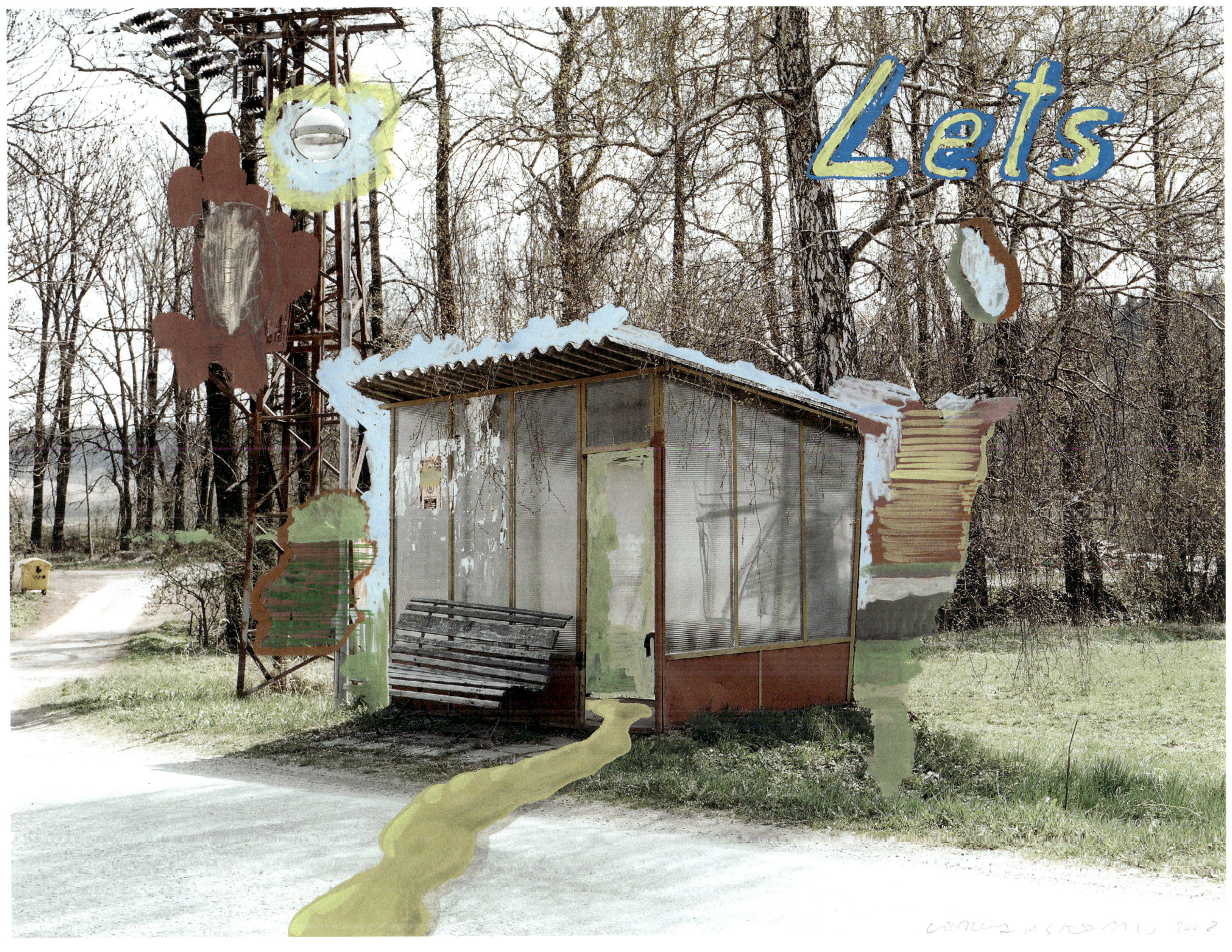

Lots 2008

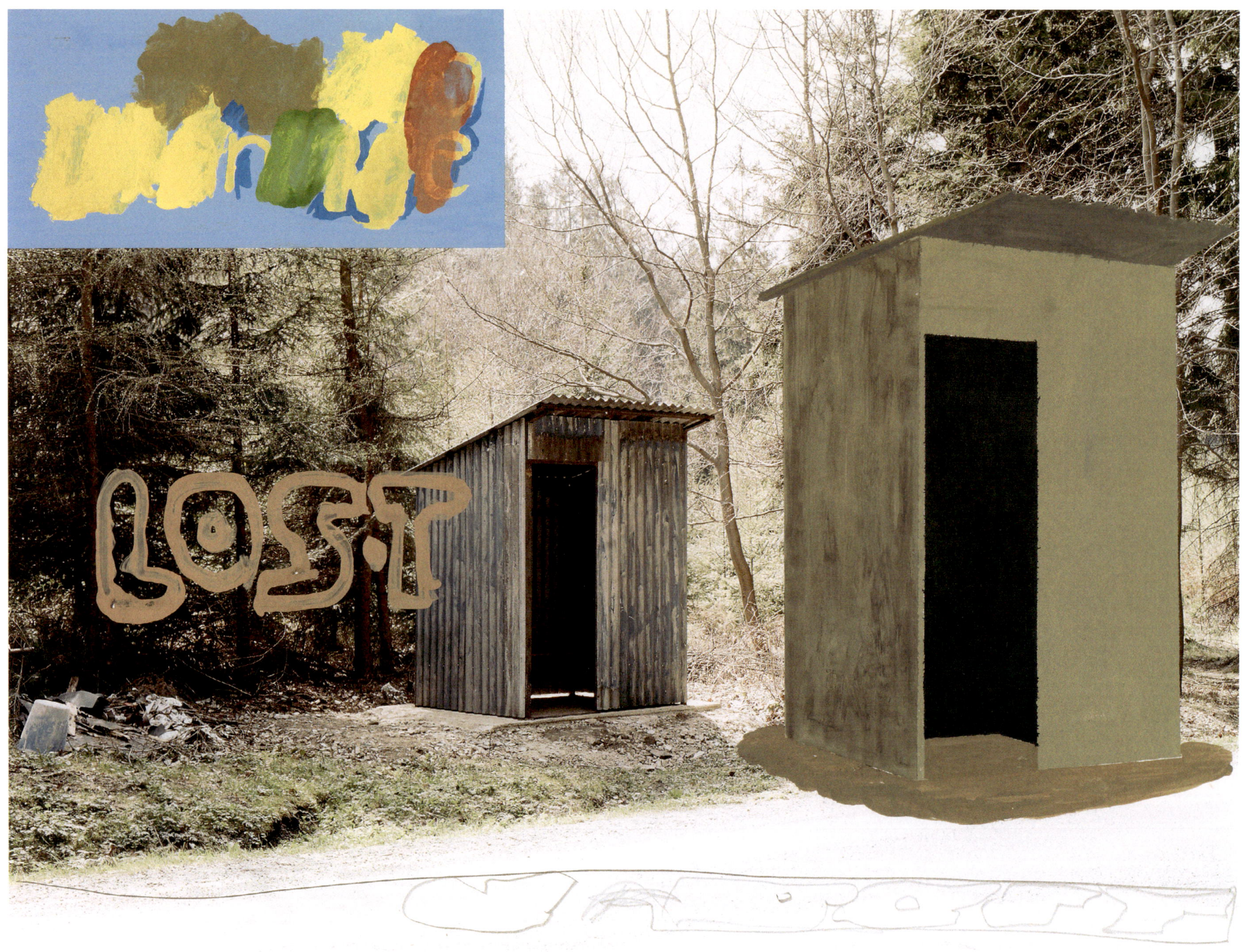

lost 2008

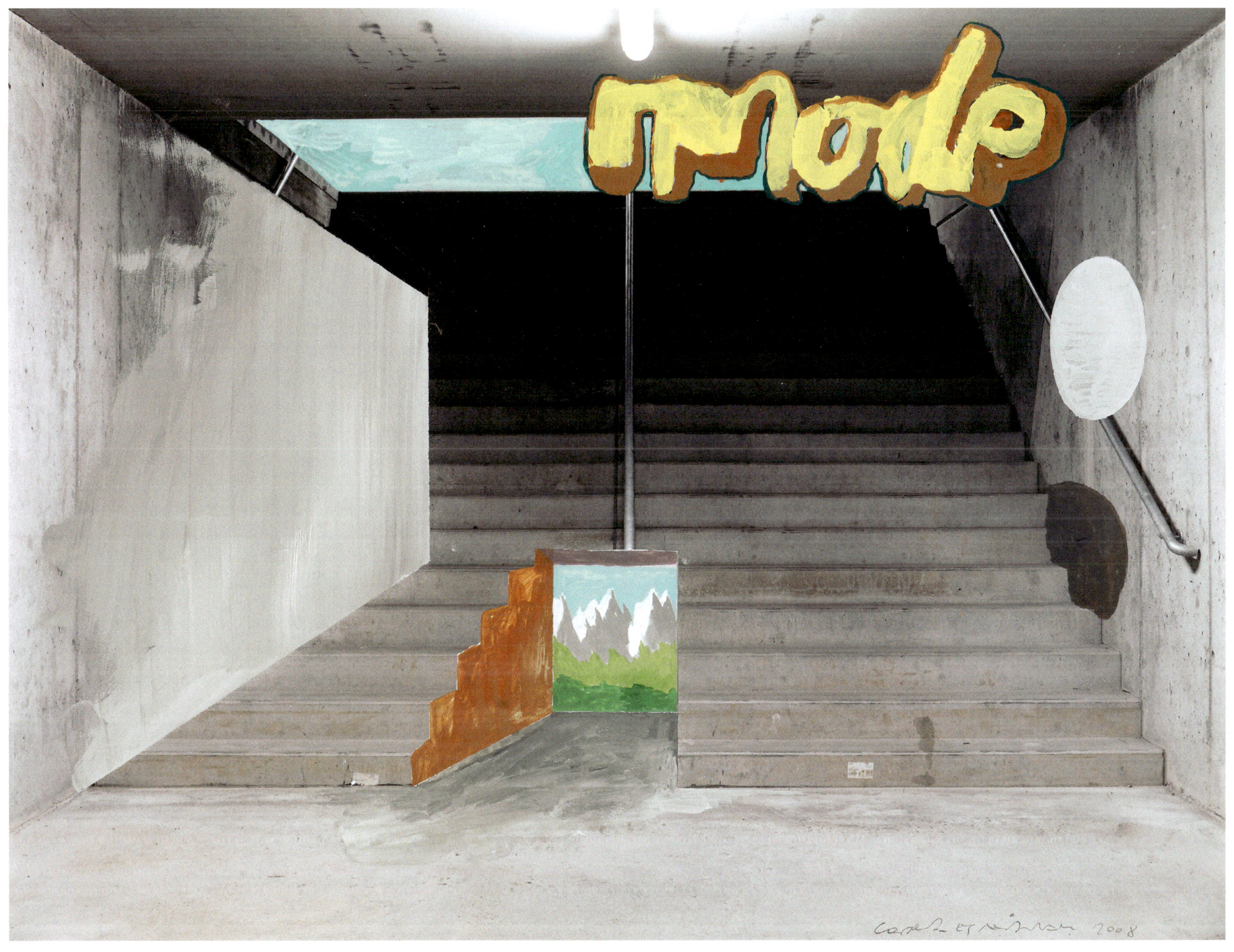

modo 2008

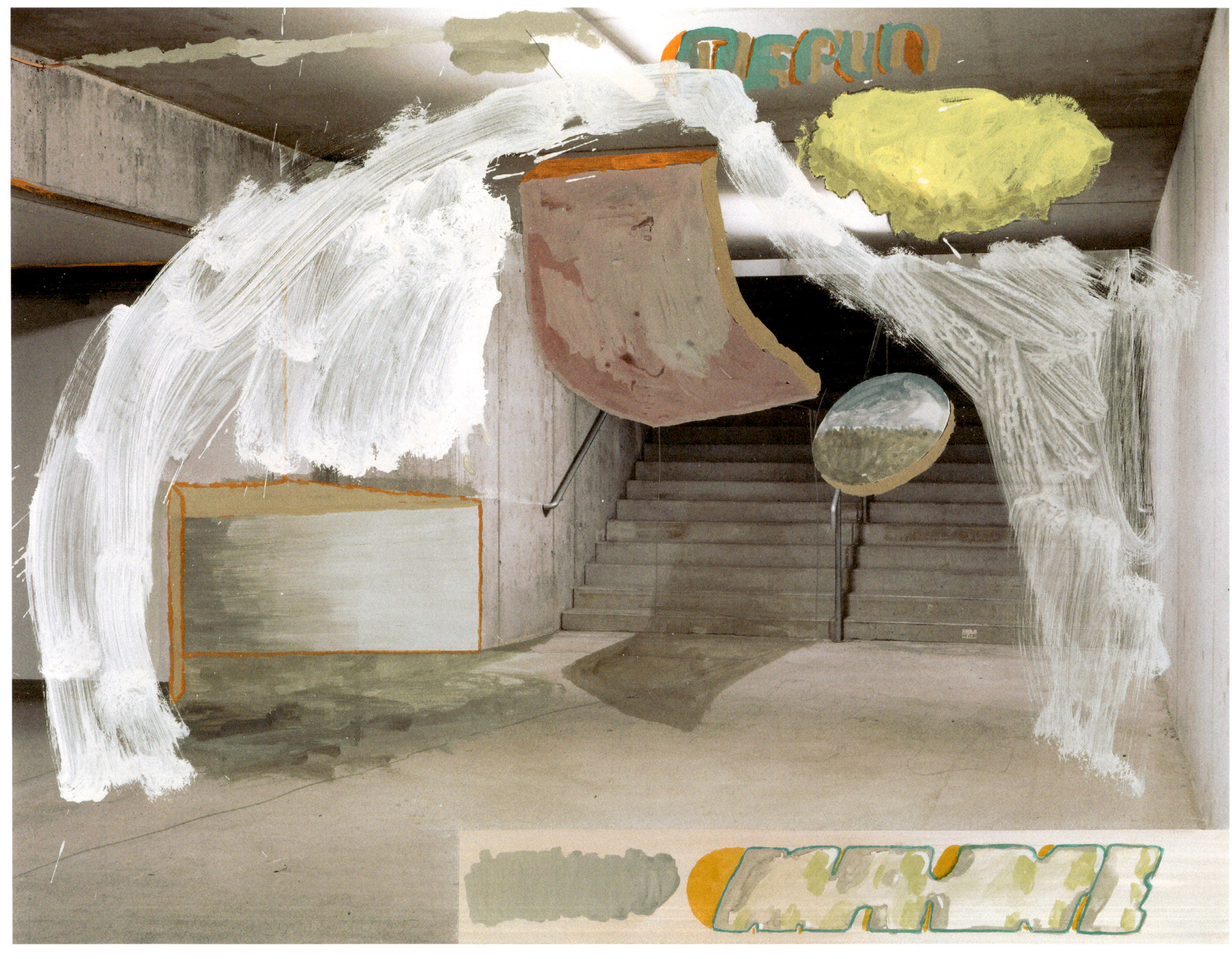

name 2008

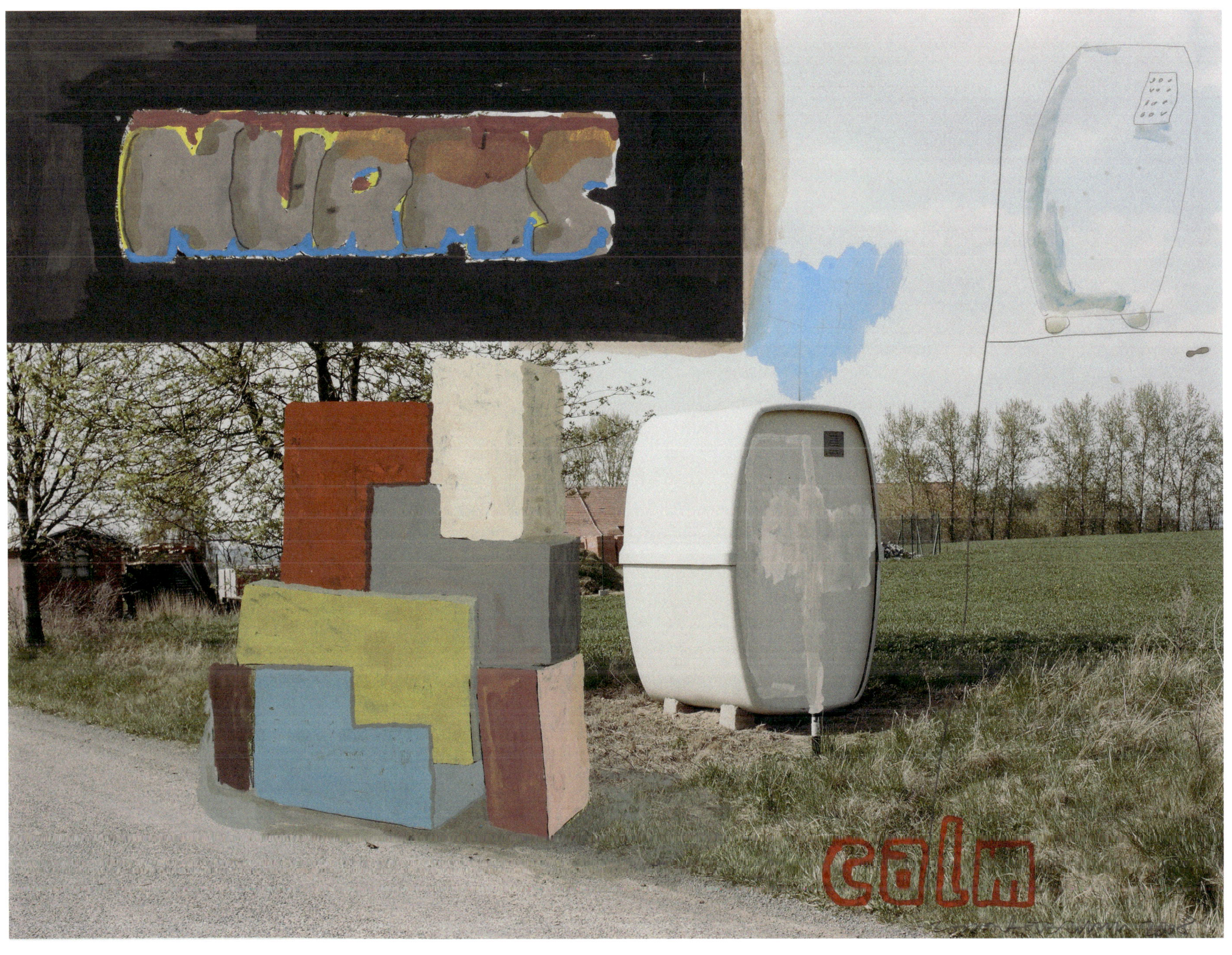

nurms 2008

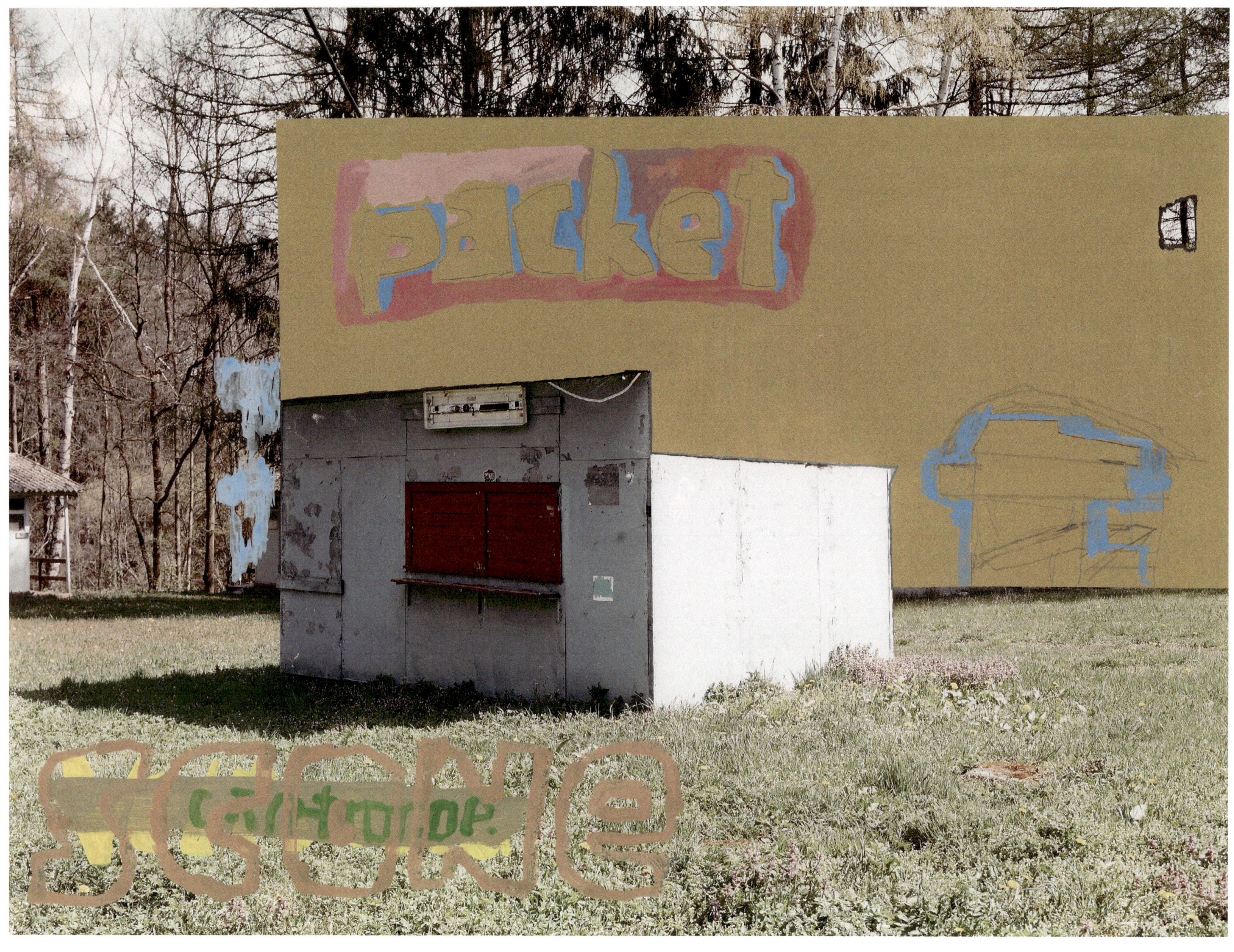

packet 2008

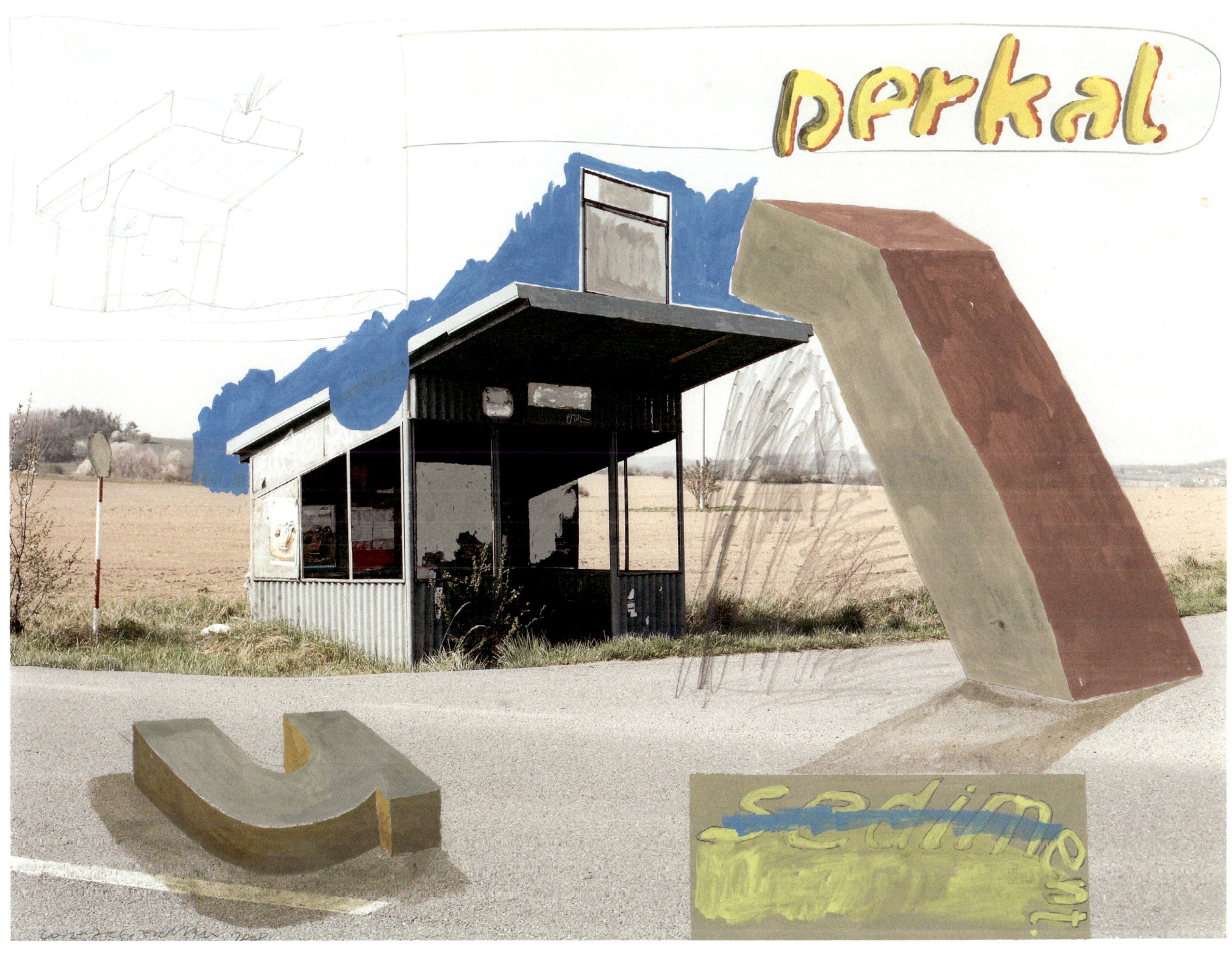

perkal 2008

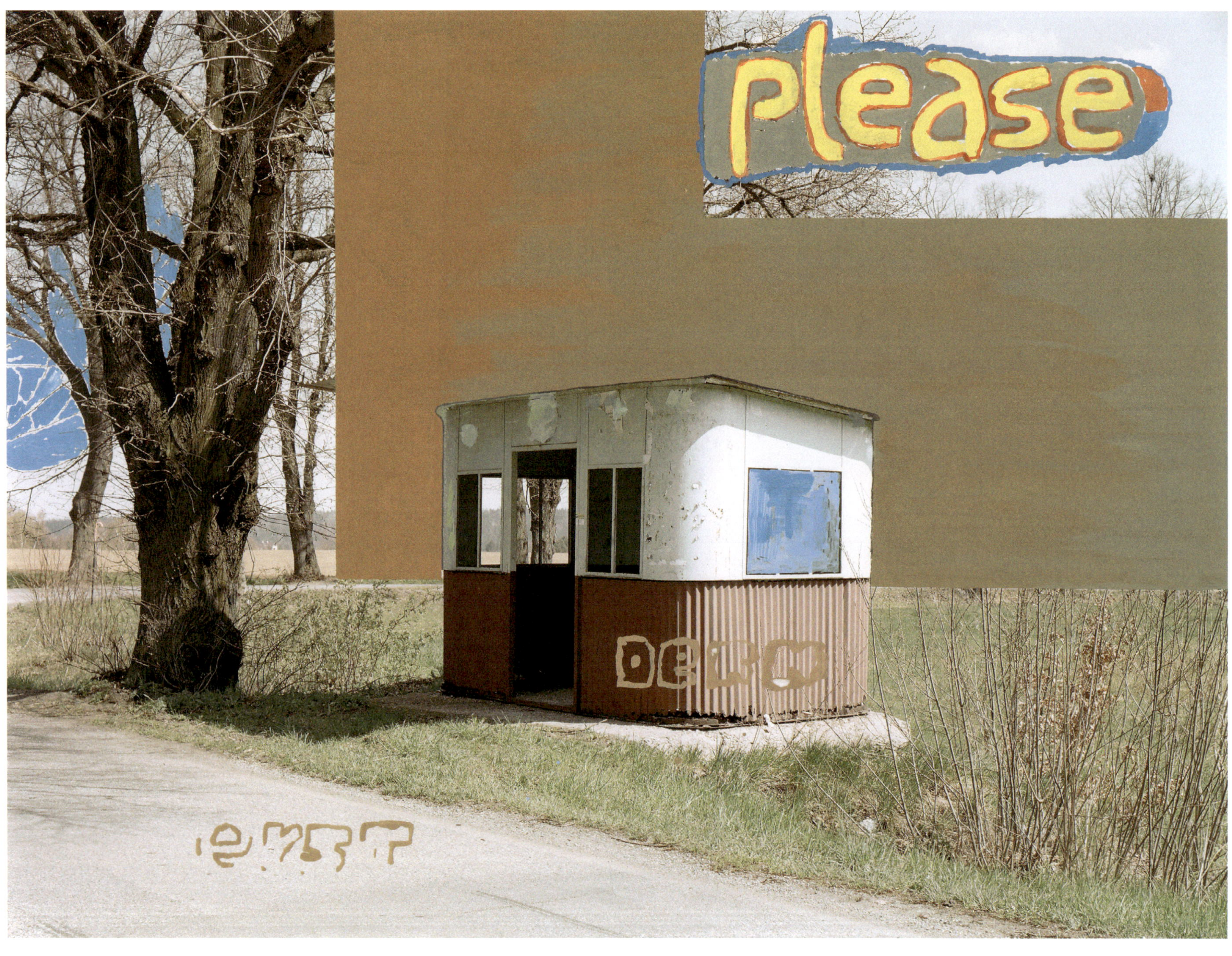

please 2008

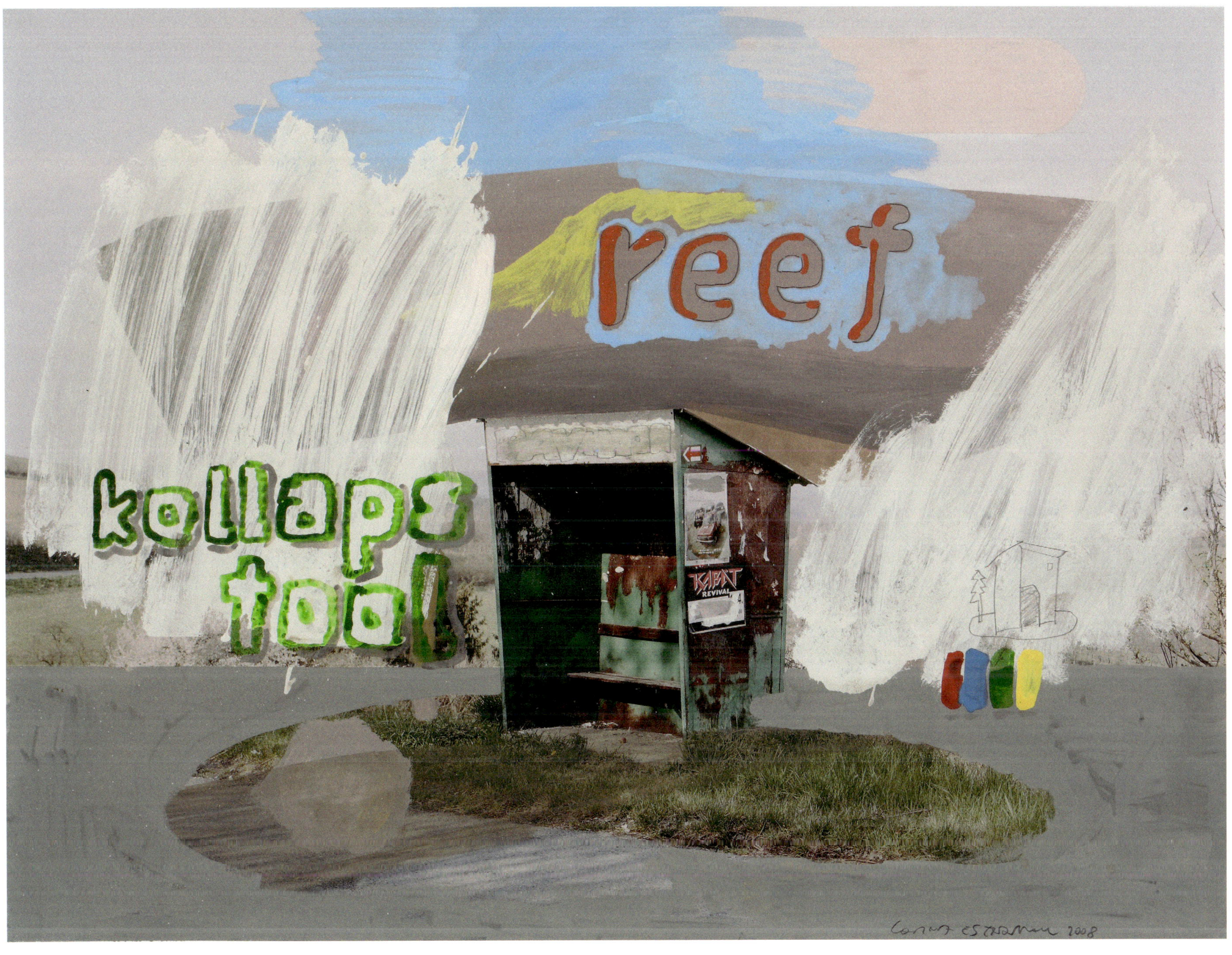

reef 2008

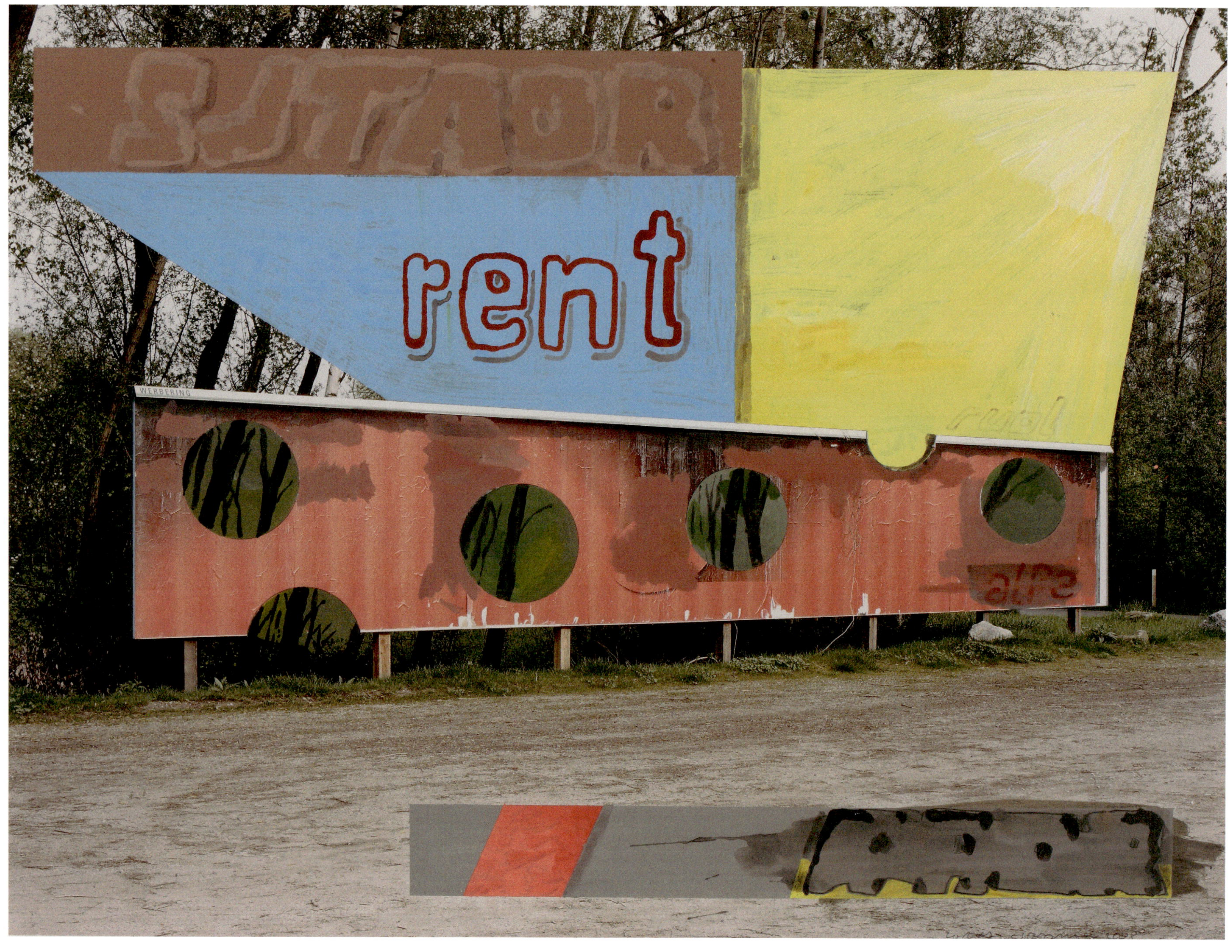

rent 2008

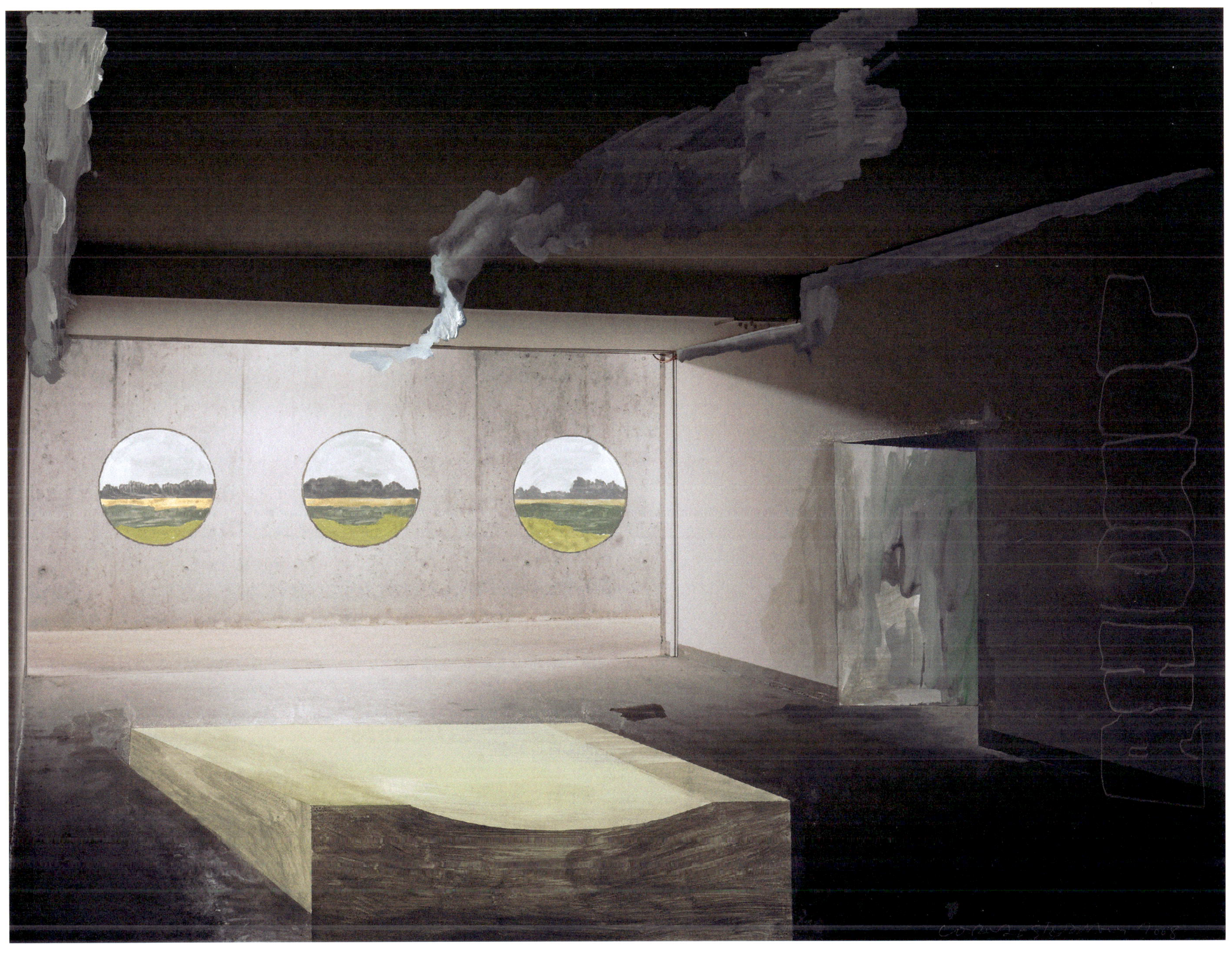

room I 2008

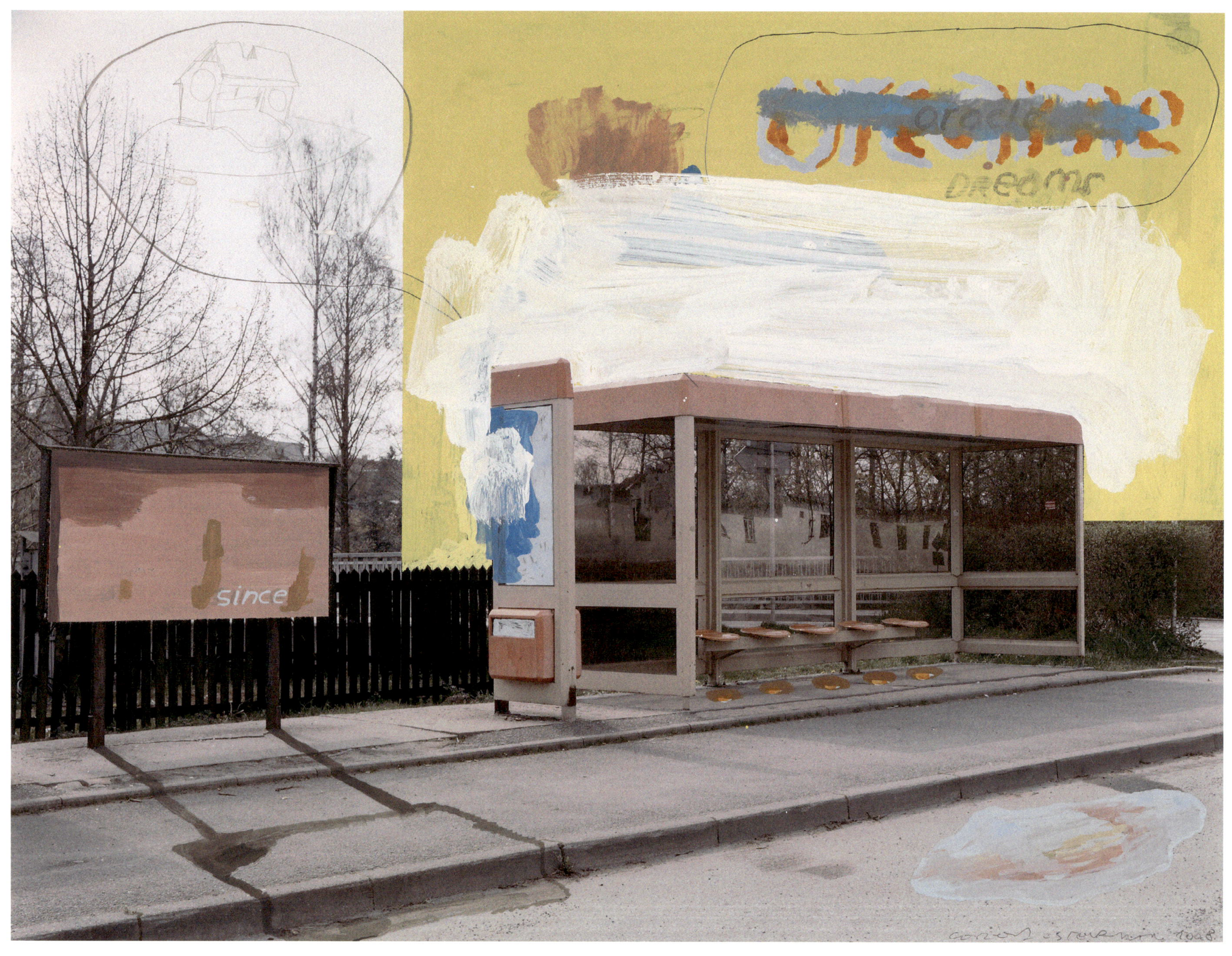

since 2008

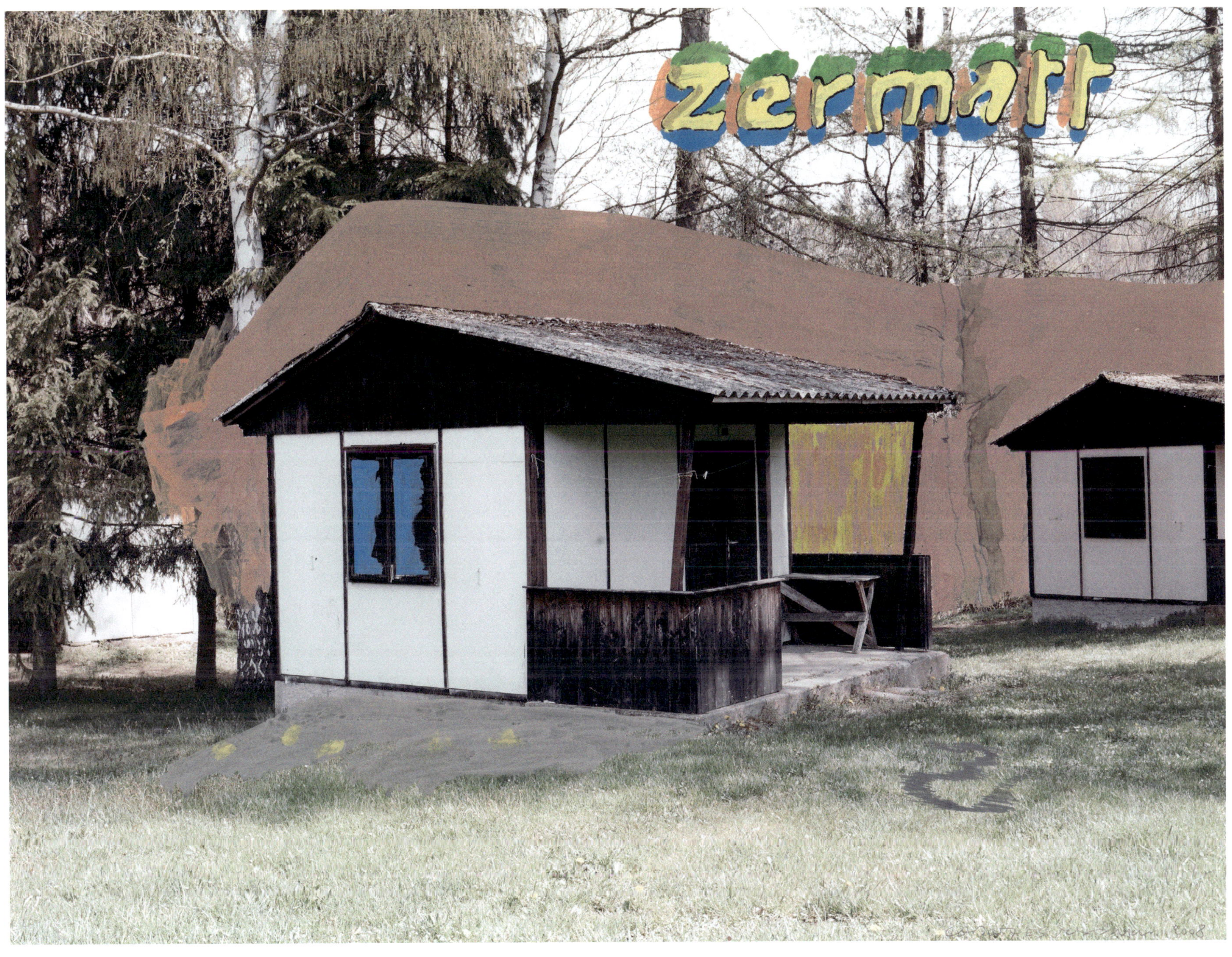

zermatt 2008

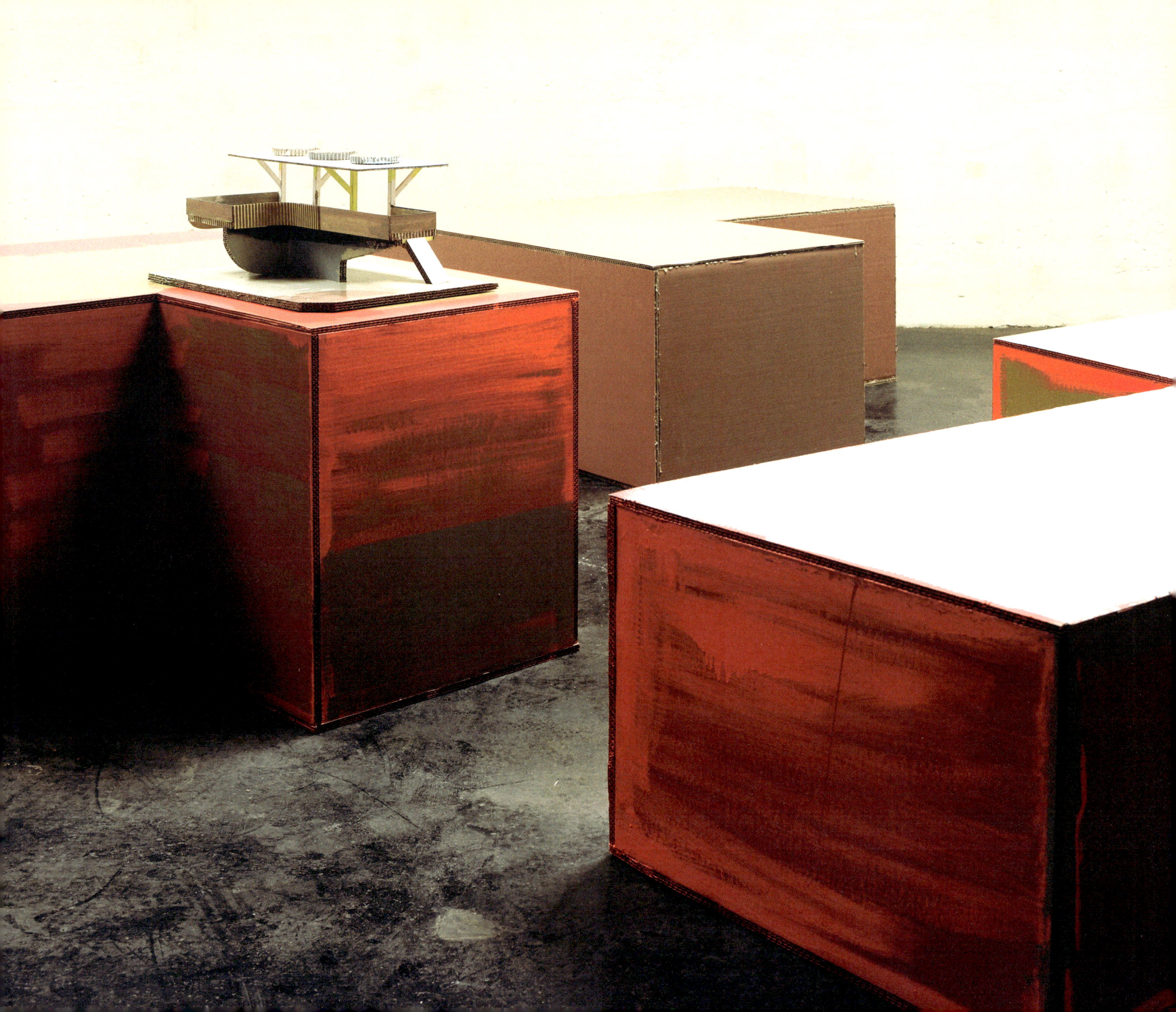

Modelle
Models
Maquettes

Sperrholz/Pappe/Wasserfarbe
Plywood/cardboard/watercolour
Contre-plaqué/carton/peinture à l'eau

Rampe II   2005   h 23 cm

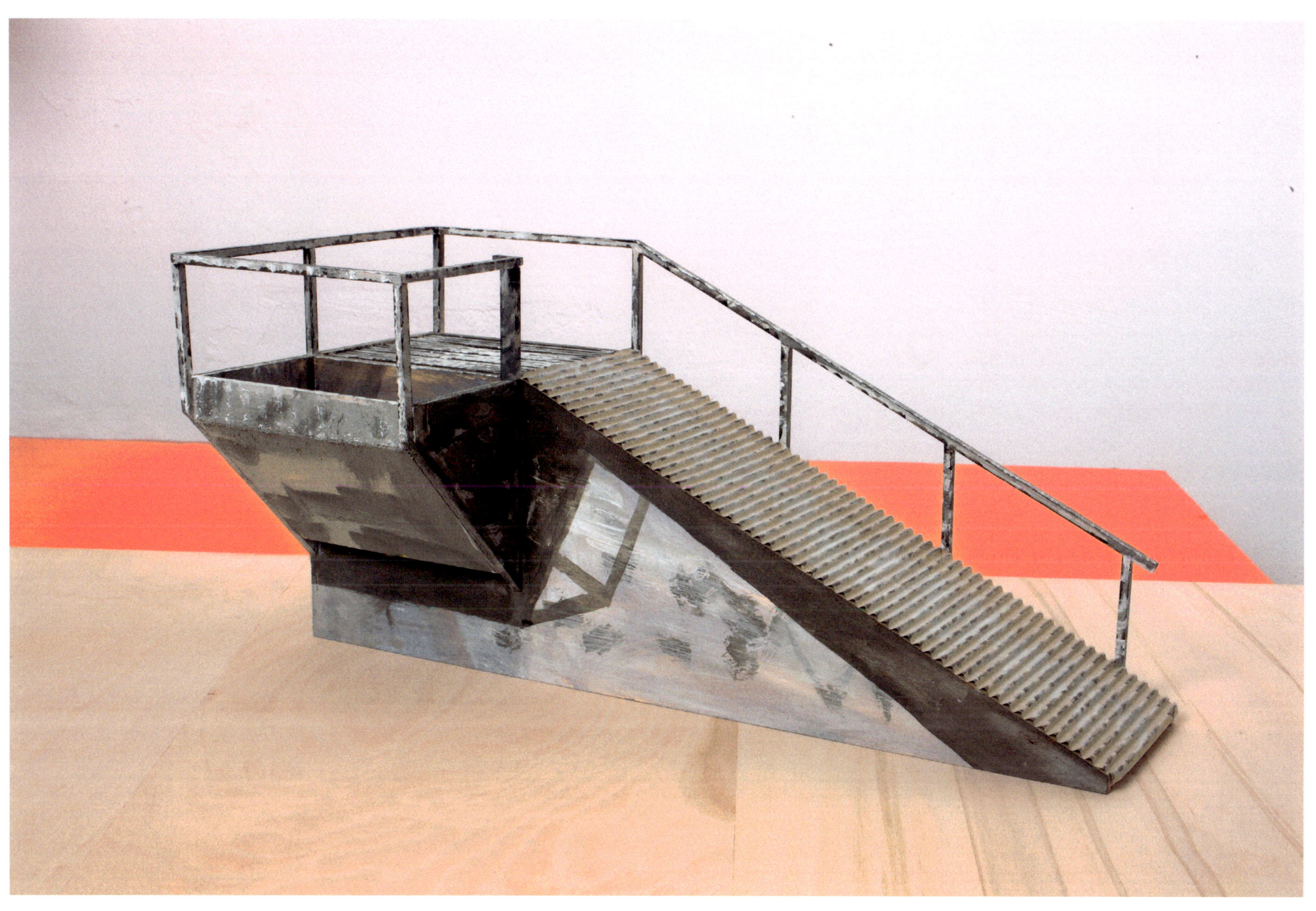

Fischerhaus 2006   h 30 cm

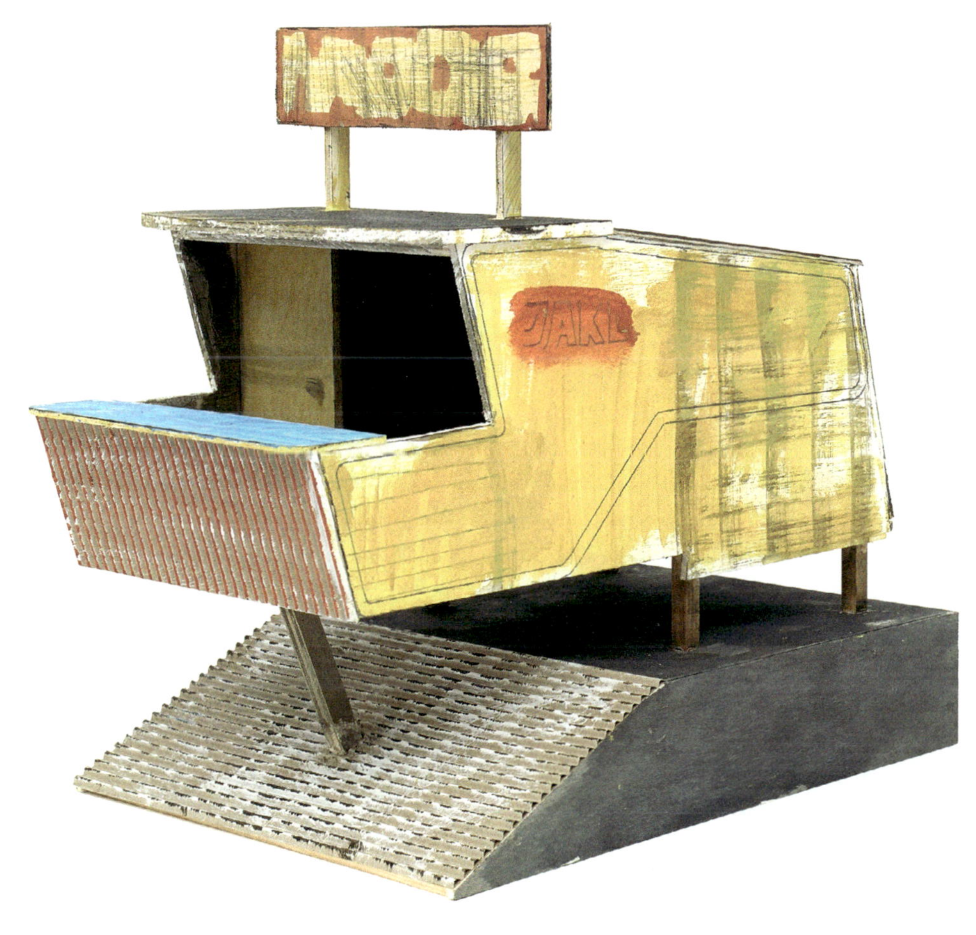
JAKL

Fischerhaus III   2008   h 24 cm

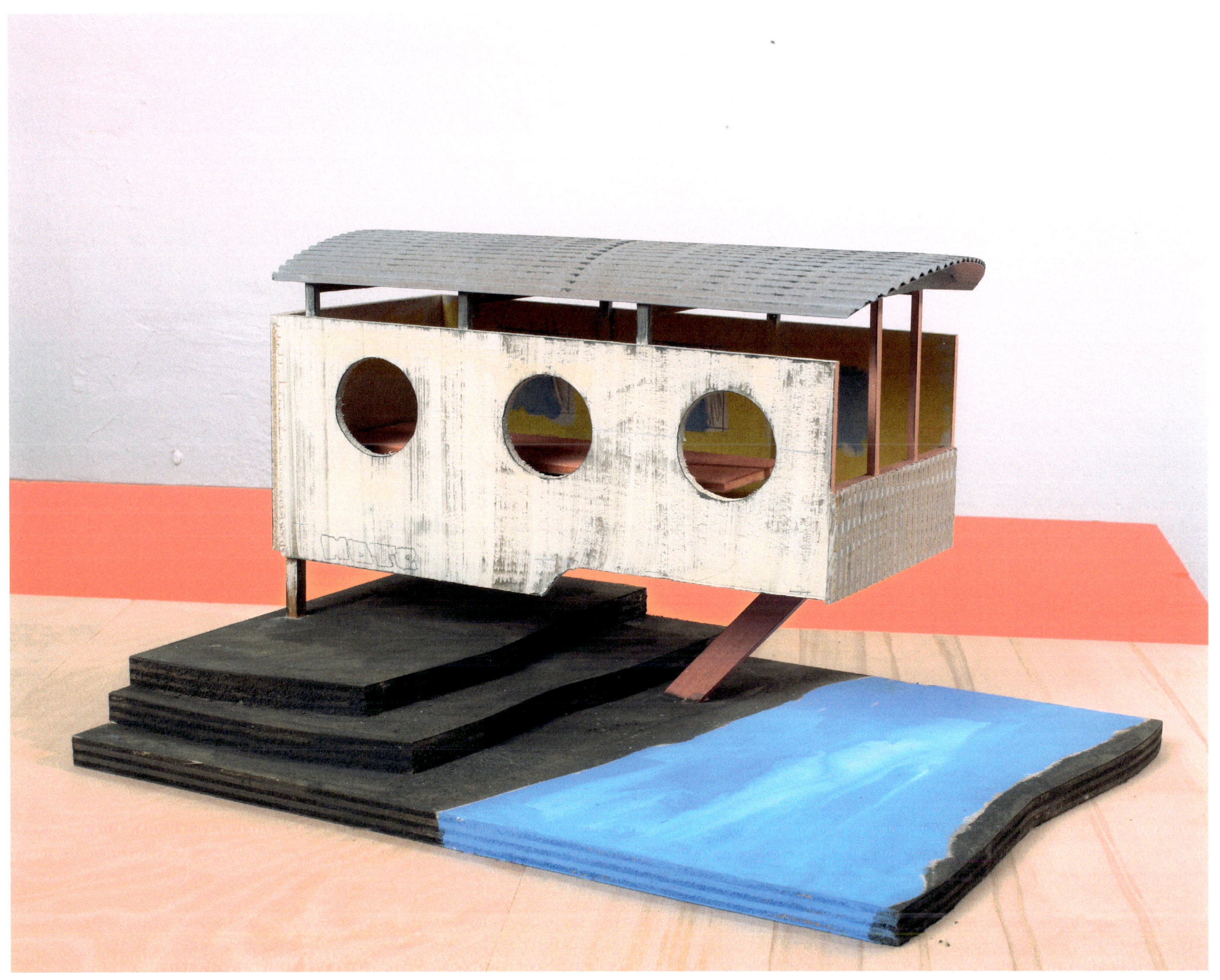

Plattform IV   2007   h 26 cm

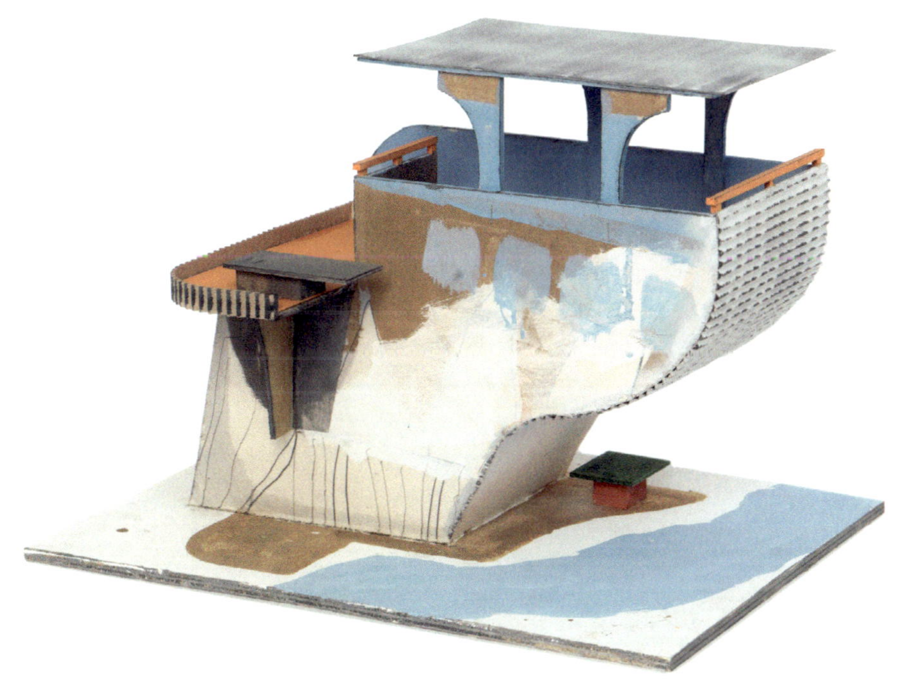

Plattform VIII   2008   h 33 cm

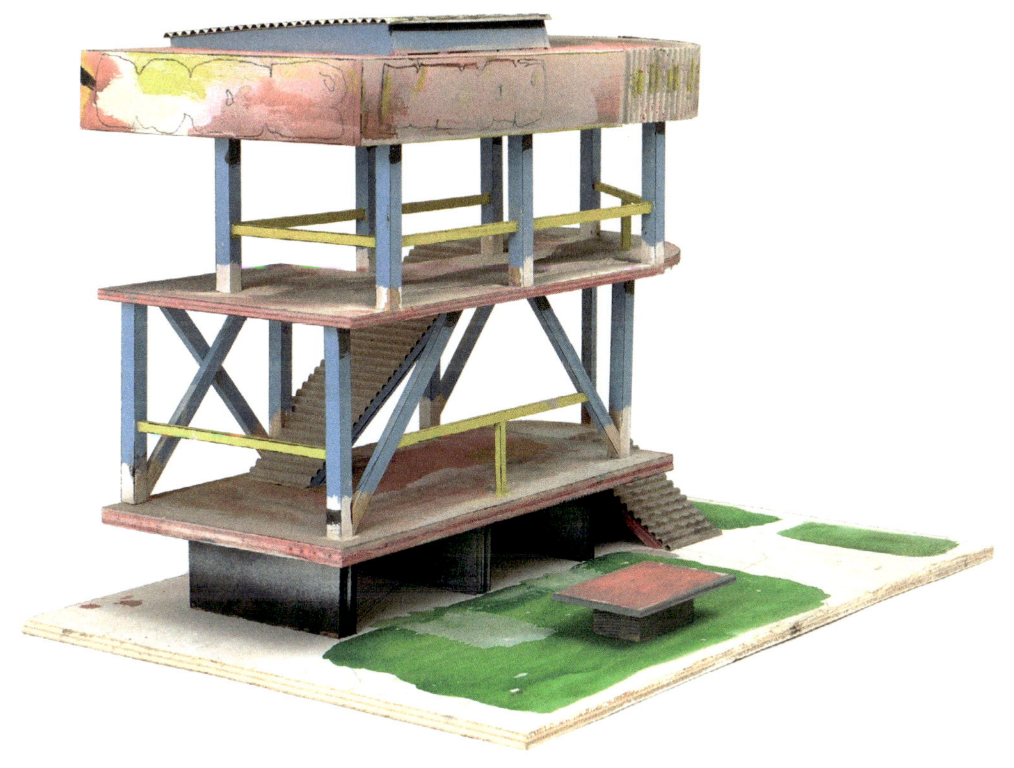

Plattform IX   2008   h 25 cm

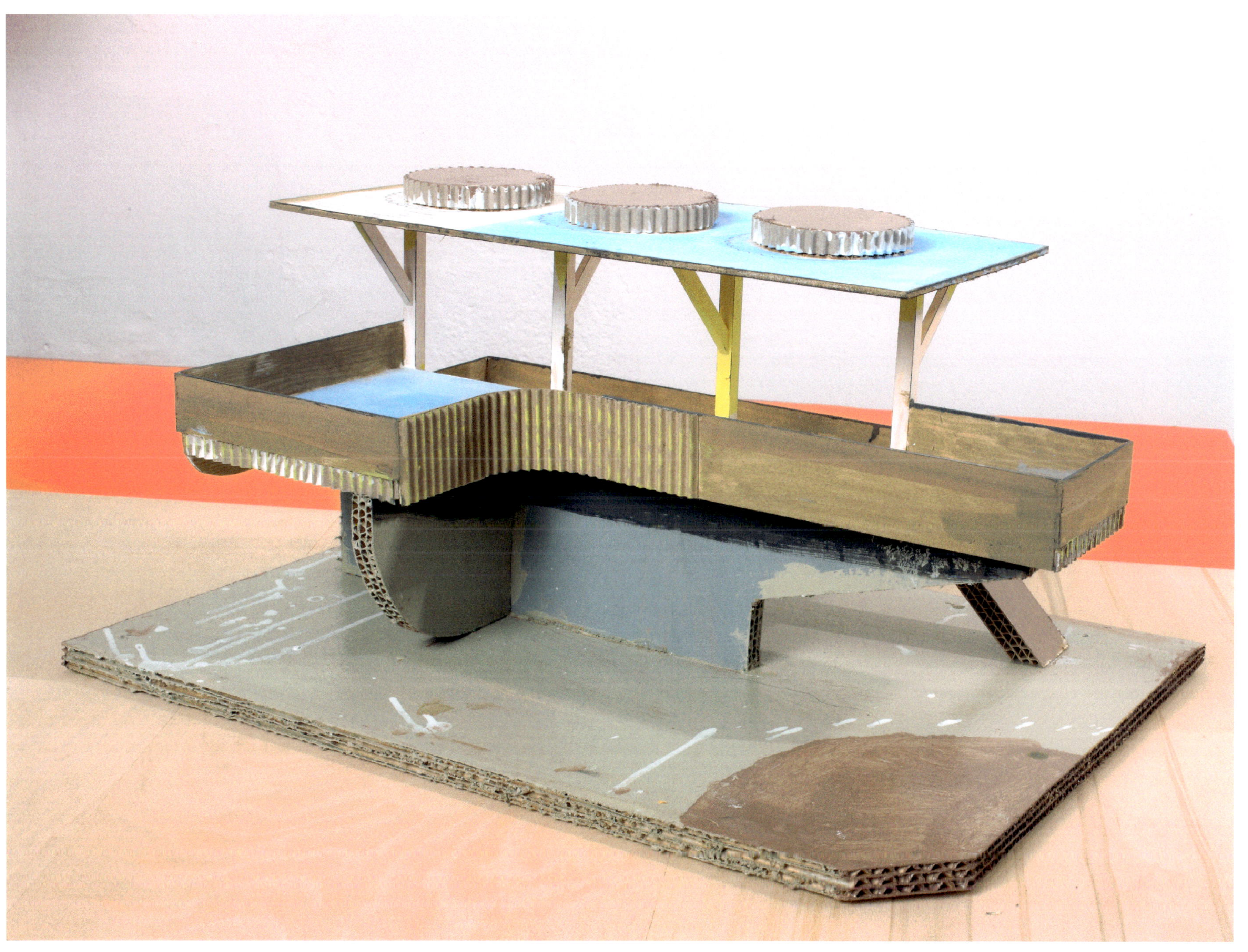

Poolhouse V   2008   h 36 cm

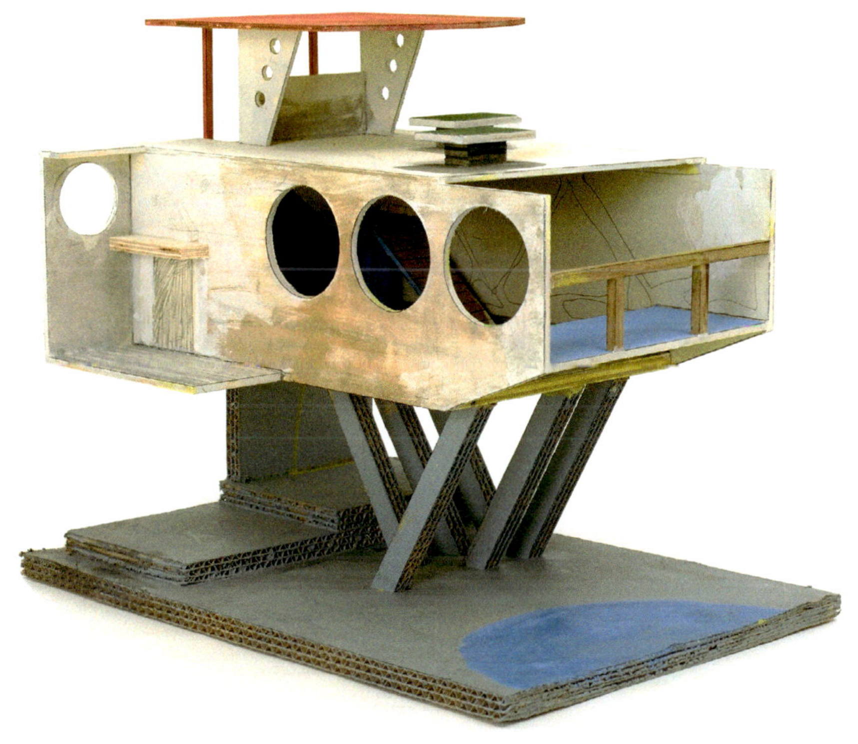

Poolhouse VI   2008   h 27 cm

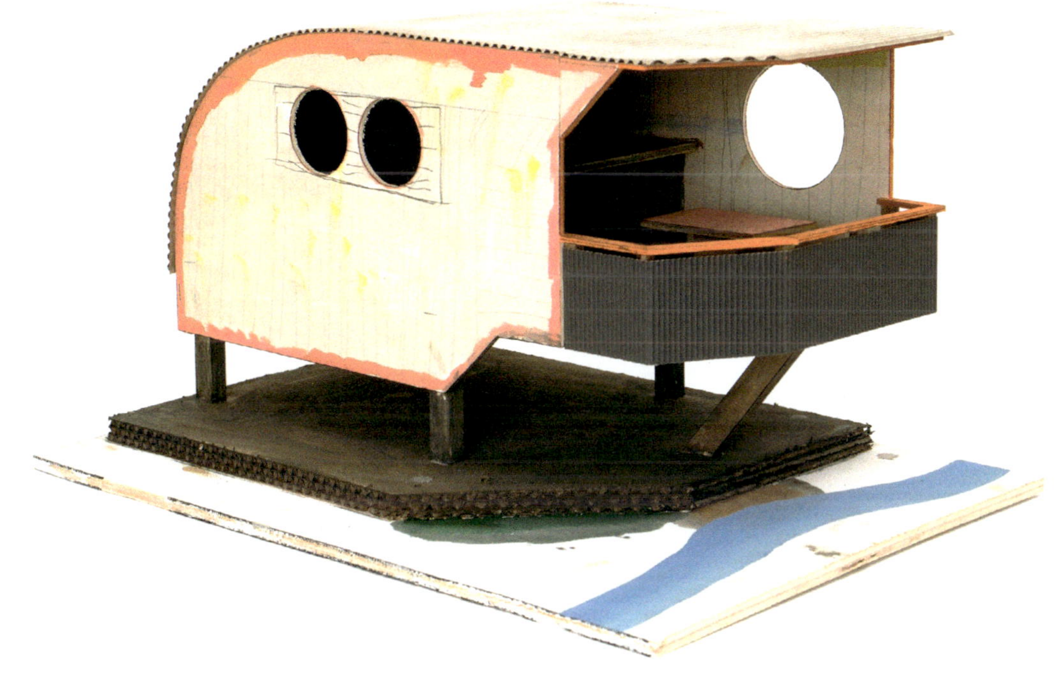

Shootingrange II   2008   h 34 cm

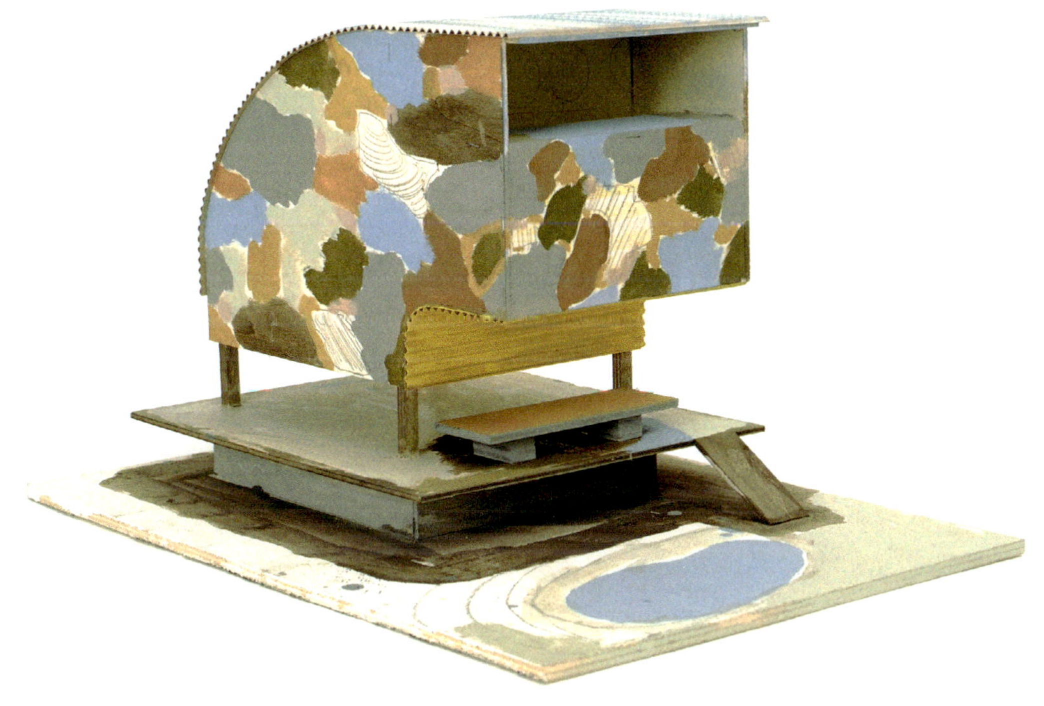

Strandhaus II   2008   h 32 cm

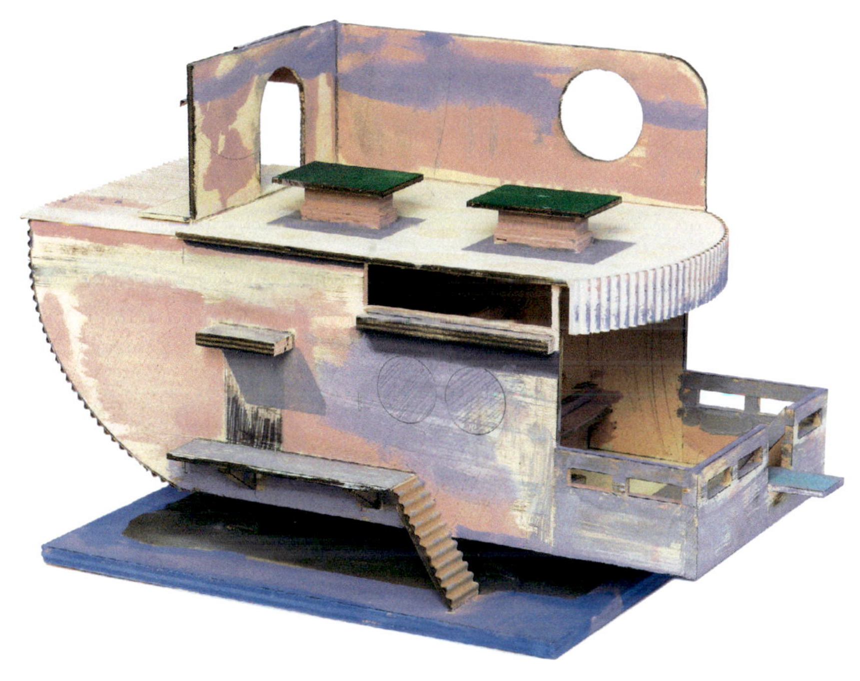

Strandhaus VII   2008   h 32 cm

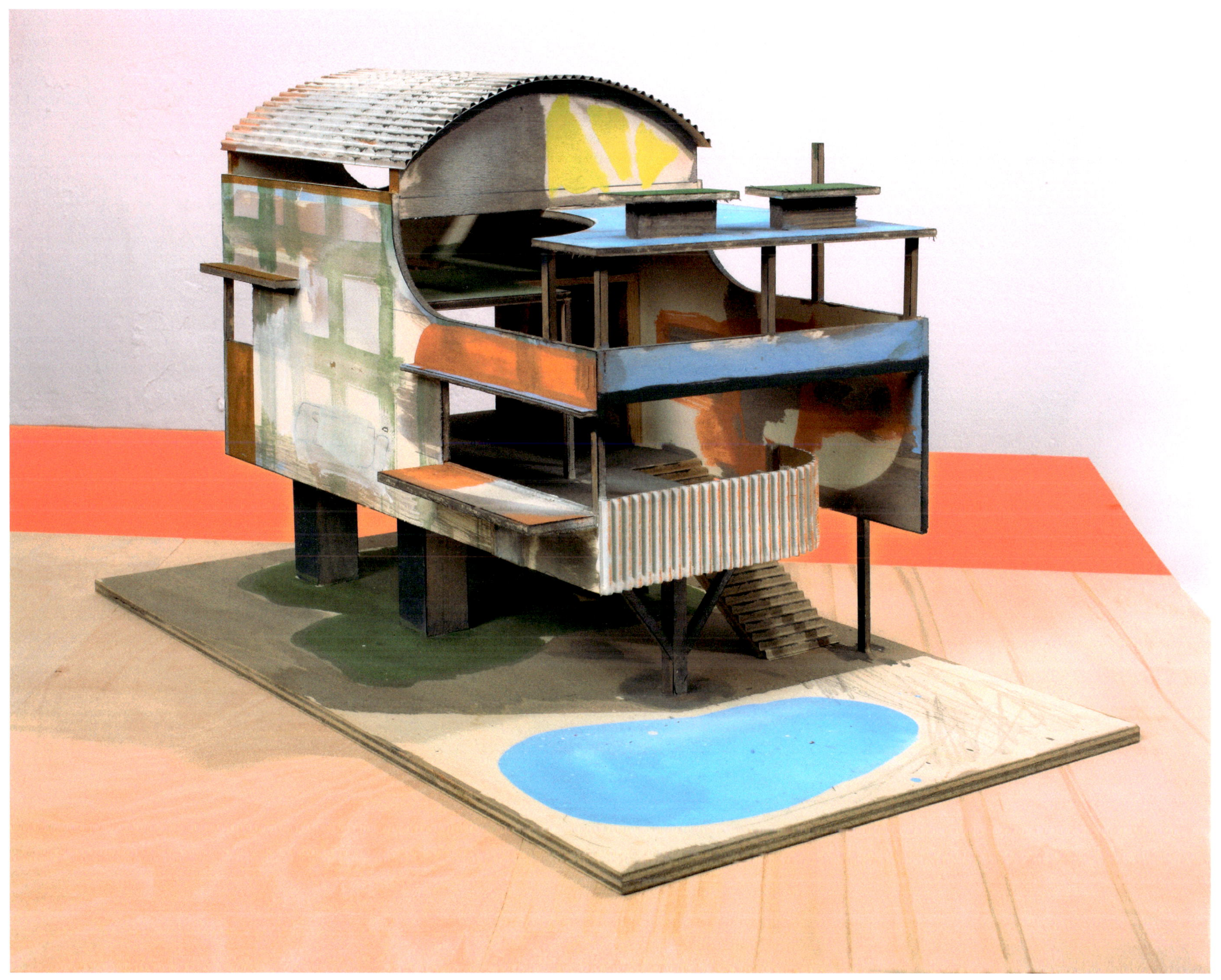

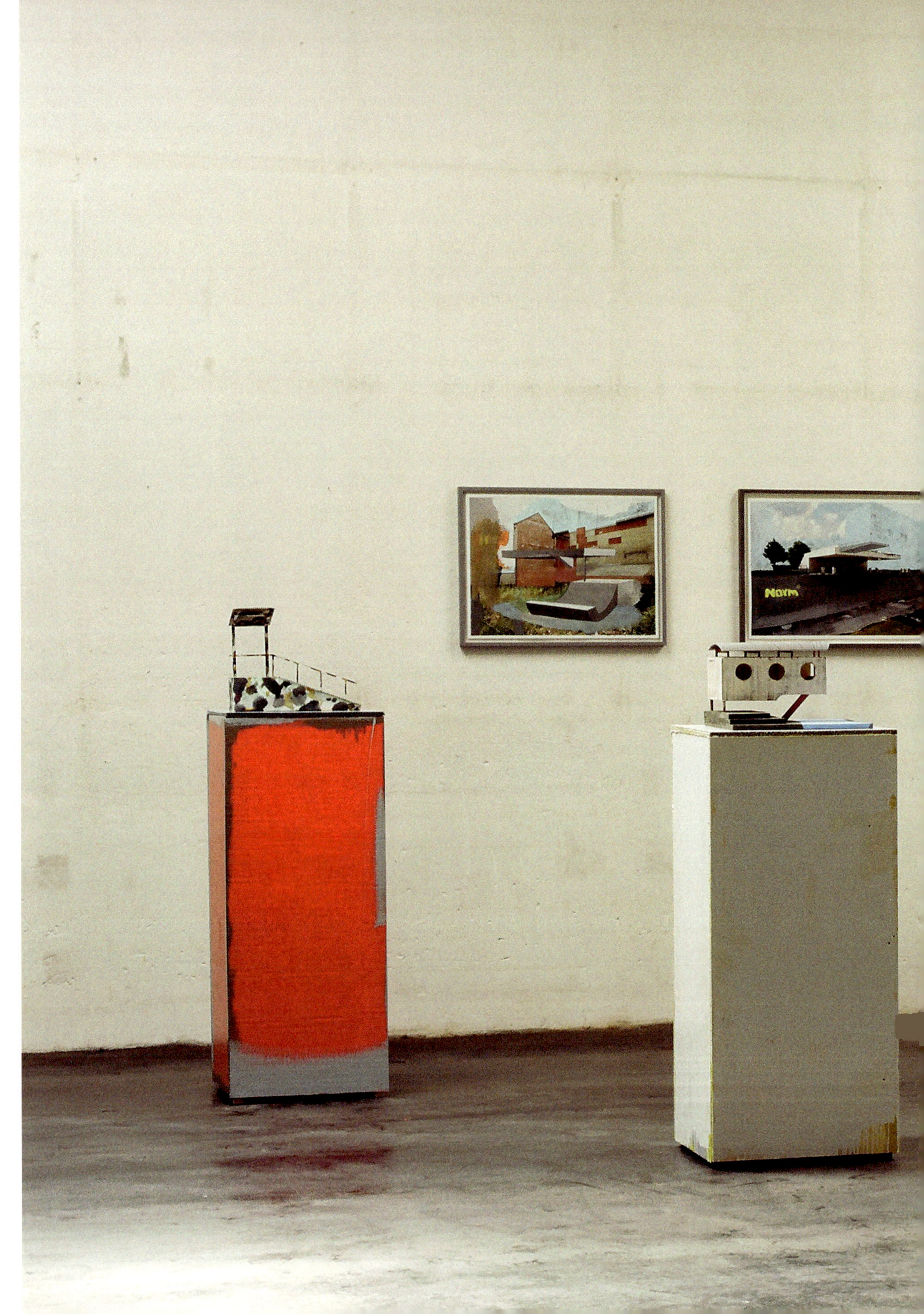

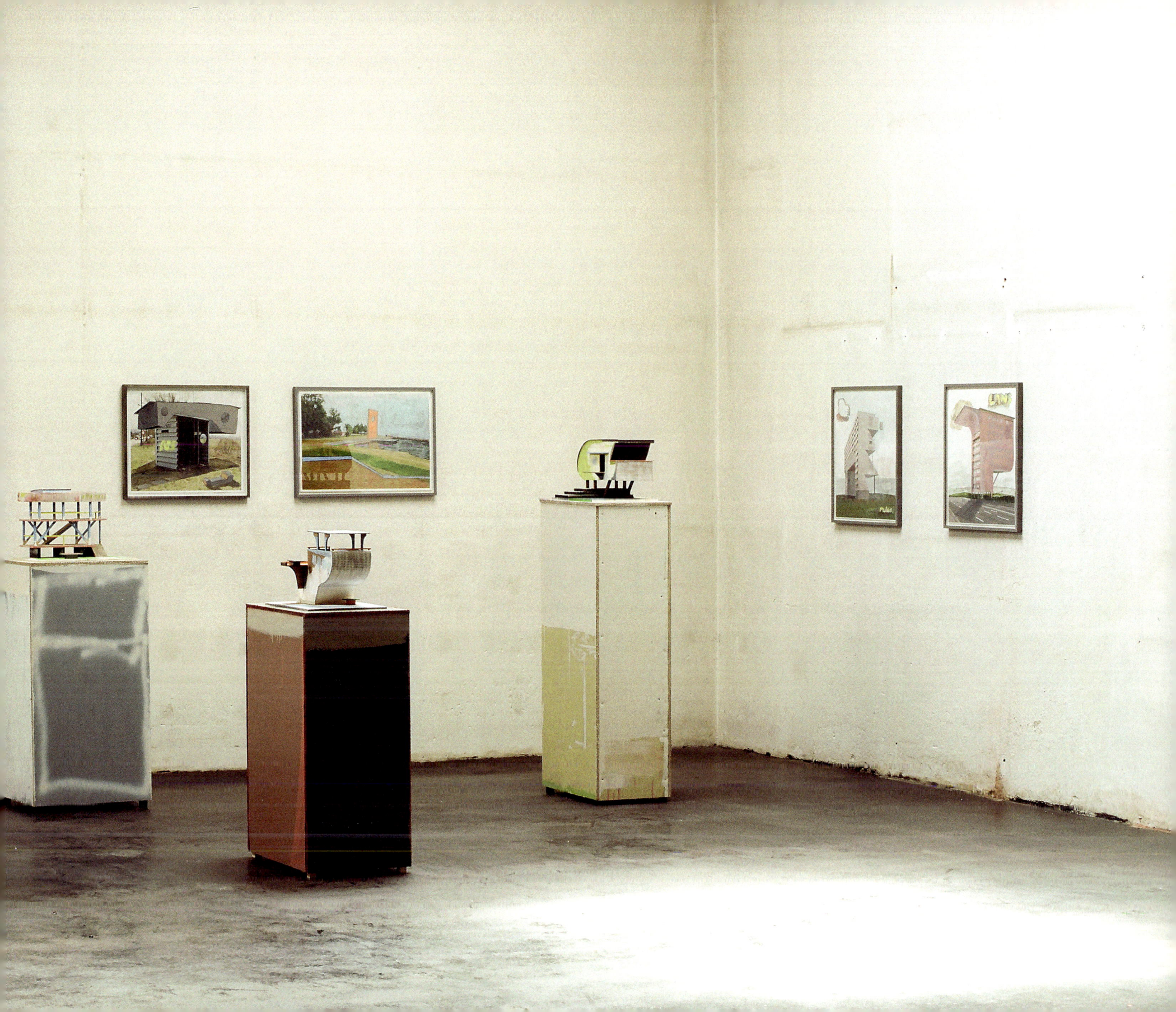

Biographie Lorenz Estermann

Lorenz Estermann wurde 1968 in Linz/Oberösterreich geboren. Er studierte zwischen 1988-1993 an der Universität für Angewandte Kunst bei Prof. Ernst Caramelle in der Meisterklasse für Freie Grafik und Malerei, die er 1993 mit dem Diplom abschloss. Er lebt und arbeitet in Wien und Linz.
Seine Arbeiten wurden 1997 mit dem 1.Preis beim Bau-Holding AG Kunstwettbewerb, sowie durch die Talentförderungsprämie des Landes Oberösterreich ausgezeichnet. 1999 folgte ein Preis beim 26. Graphikwettbewerb Innsbruck und 2002 ein Auslandsstipendium der Oberösterreichischen Landesregierung für das Egon Schiele Zentrum Cesky Krumlov. 2006/07 erhielt Lorenz Estermann das T-Mobile-ART Projektstipendium im T-Center Wien und 2008 das Österreichische Staatstipendium für Bildende Kunst. 2008 wurde er auch vom Deutschen Galerienverband für eine „New Talents" Förderkoje auf der ART Cologne vorgeschlagen.

Sein Arbeitsschwerpunkt liegt zwischen Zeichnung, Fotografie und Installation/Skulptur. Dabei dienen ihm die aus Sperrholz und Pappe hergestellten Modelle als Bindeglied zwischen den Medien und schaffen überraschende Querverweise zur Architektur.

Seit über 15 Jahren ist er im deutschsprachigen Raum durch viele Einzelausstellungen, zahlreiche Gruppenausstellungen und bei internationalen Kunstmessen, wie der ART Cologne, Viennafair, Art Moskau, Photo Miami, PULS New York, NEXT Chicago, SCOPE Basel vertreten.

Biography of Lorenz Estermann

Lorenz Estermann was born in 1968 in Linz/Upper Austria. From 1988 to 1993 he studied at the Universität für Angewandte Kunst [University of Applied Arts] under Prof. Ernst Caramelle in the Masters class for drawing and painting, from which he graduated in 1993. He lives and works in Vienna and Linz.
His works were honoured in 1997 with a first prize in the Bau-Holding AG art competition, as well as with the "Talentförderungsprämie des Landes Oberösterreich." This was followed in 1999 by a prize in the 26th "Graphikwettbewerb Innsbruck", and in 2002 by a grant from the Government of Upper Austria to attend the Egon Schiele Zentrum Cesky Krumlov. In 2006/07 Lorenz Estermann received the "T-Mobile-ART" project scholarship from the T-Center in Vienna, and in 2008 he received the Austrian "Staatstipendium für Bildende Kunst." In 2008 he was also sponsored by the Association of German Galleries for a "New Talents" promotional exhibition at ART Cologne.

The emphasis of his work lies between drawing, photography, and installation/sculpture. Thereby his plywood and cardboard models serve as a link between mediums and create surprising cross-references to architecture.

For more than fifteen years he has been represented in the German-speaking world in many solo exhibitions, numerous group exhibitions, and international art fairs such as ART Cologne, Viennafair, Art Moskau, Photo Miami, PULS New York, NEXT Chicago, and SCOPE Basel.

Einzel- und Gruppenausstellungen: (Auswahl ab 2003)

2008 HVCCA, New York, „The Peekskill Project" (GA)
Leopold Museum Wien, „Doorman II" mit Th. Henke (Inst)
Galerie Vidal Saint Phalle, Paris „instant city II" (P)
Galerie Levy, Hamburg „instant city" (P*)
Fruchthalle Kaiserslautern, „broken evidence" mit Th. Henke (Inst*)
Pfalzgalerie Kaiserslautern „Doorman I" mit Th. Henke (Inst)
Stedelijk Museum, Aalst „Maquettes en Modellen" (GA*)
Art Cologne, Galerie Lukas Feichtner, Einzelpräsentation,
„New Talents" (P)
Galerie Thiele, Linz „instant solution III" (P)

2007 Space Invasion, „Seilerstätte off project" Vienna (GA)
Deutsches Werkzeugmuseum, Remscheid,
„Werkzeuge des Lebens" (GA*)
Schloss Waldthausen Mainz, „PUBLIK!" (GA)
Galerie Ueker&Ueker, Basel „Raumstücke" (P)

2006 Kunstverein Oldenburg,
(„das fenster neben meinem" Th. Henke) (Inst*)
Lukas Feichtner Galerie, Wien „arbeitsplatz" (P*)
BA-CA Kunstforum Wien, „abstract papers" (GA)

2005 Tiroler Landesmuseum, „Figur und Wirklichkeit" (GA*)
Galerie Schloss Puchheim (P)

2004 O.Ö. Kunstverein, Linz, „making.nature" (GA)
Bauholding Strabag Kunstforum, Wien (GA)

2003 Galerie Figl, Linz (P)

(P)   = Personale
(P*) = Personale und Katalog
(GA) = Gruppenausstellung
(Inst) = Installation/Skulptur

Solo and group exhibitions: (Selection, since 2003)

2008 HVCCA, New York, 'The Peekskill Project' (G)
Leopold Museum Vienna, 'Doorman II' with Th. Henke (Inst)
Galerie Vidal Saint Phalle, Paris 'instant city II' (S)
Levy Galerie, Hamburg 'instant city' (S*)
Fruchthalle Kaiserslautern, 'broken evidence' with Th. Henke (Inst*)
Pfalzgalerie Kaiserslautern 'Doorman I' with Th. Henke (Inst)
Stedelijk Museum, Aalst 'Maquettes en Modellen' (G*)
Art Cologne, Galerie Lukas Feichtner, solo presentation,
'New Talents' (S)
Galerie Thiele, Linz 'instant solution III' (S)

2007 Space Invasion, 'Seilerstätte off project' Vienna (G)
Deutsches Werkzeugmuseum, Remscheid,
'Werkzeuge des Lebens' (G*)
Schloss Waldthausen Mainz, 'PUBLIK!' (G)
Galerie Ueker&Ueker, Basel 'Raumstücke' (S)

2006 Kunstverein Oldenburg,
('das fenster neben meinem' Th. Henke) (Inst*)
Lukas Feichtner Galerie, Vienna 'arbeitsplatz' (S*)
BA-CA Kunstforum Wien, 'abstract papers' (G)

2005 Tiroler Landesmuseum, 'Figur und Wirklichkeit' (G*)
Galerie Schloss Puchheim (S)

2004 O.Ö. Kunstverein, Linz, 'making.nature' (G)
Bauholding Strabag Kunstforum, Vienna (G)

2003 Galerie Figl, Linz (S)

(S)   = Solo
(S*) = Solo with catalogue
(G)   = Group exhibition
(Inst) = Installation/Sculpture

Lorenz Estermann

Lorenz Estermann est né en 1968 à Linz en Haute-Autriche. Il a fait ses études entre 1988 et 1993 à l'Université des Arts appliqués avec le Professeur Ernst Caramelle, et a obtenu son diplôme de maîtrise en Arts plastiques et en peinture en 1993. Il vit et travaille à Vienne et à Linz.
En 1997, ses travaux furent récompensés par le premier prix du concours d'Art de la «Bau-Holding» et par une bourse pour les jeunes talents dispensée par le Land de Haute-Autriche. En 1999, il remporta un prix au 26ème concours d'Arts graphiques de Innsbruck et obtint du gouvernement du Land de Haute-Autriche une bourse pour l'étranger pour le Centre Egon Schiele de Cesky Krumlov. En 2006–2007, il remporta la bourse «T-Mobile-ART» au T-Center de Vienne, et en 2008 la bourse d'Etat autrichienne pour les Beaux-Arts. En 2008, il fut élu par l'association des galeristes allemands pour une Förderkoje attribuée aux «New Talents» à l'ART Cologne.

Les travaux d'Estermann se situent à la frontière entre le dessin, la photographie et l'installation / sculpture. Ses maquettes en contre-plaqué et en carton lui permettent d'établir le lien entre ces moyens d'expression, réalisant également de surprenantes digressions en architecture.

Depuis plus de 15 ans, il est représenté dans les pays germanophones par de nombreuses expositions personnelles et collectives ainsi que dans les foires internationales d'art telles que ART Cologne, Viennafair, Art Moskau, Photo Miami, PULS New York, NEXT Chicago et SCOPE Basel.

Sélection d'expositions personnelles et collectives (depuis 2003)

2008 HVCCA, New York, «The Peekskill Project» (EC)
Leopold Museum de Vienne, «Doorman II» avec Th. Henke (Inst)
Galerie Vidal Saint Phalle, Paris «instant city II» (EP)
Levy Galerie, Hambourg «instant city» (EP*)
Fruchthalle Kaiserslautern, «broken evidence»
avec Th. Henke (Inst*)
Pfalzgalerie Kaiserslautern «Doorman I» avec Th. Henke (Inst)
Stedelijk Museum, Aalst «Maquettes en Modellen» (EC*)
Art Cologne, Galerie Lukas Feichtner, présentation individuelle, «New Talents» (EP)
Galerie Thiele, Linz «instant solution III» (EP)

2007 Space Invasion, «Seilerstätte off project» Vienne (EC)
Deutsches Werkzeugmuseum, Remscheid, «Werkzeuge des Lebens» (EC*)
Château de Waldthausen Mainz, «PUBLIK!» (EC)
Galerie Ueker&Ueker, Bâle «Raumstücke» (EP)

2006 Kunstverein Oldenburg, («das fenster neben meinem» Th. Henke)(Inst*)
Lukas Feichtner Galerie, Vienne «arbeitsplatz» (EP*)
BA-CA Kunstforum de Vienne, «abstract papers» (EC)

2005 Tiroler Landesmuseum, «Figur und Wirklichkeit» (EC*)
Galerie Schloss Puchheim (EP)

2004 Kunstverein de Haute-Autriche, Linz, «making.nature» (EC)
Bauholding Strabag Kunstforum, Vienne(EC)

2003 Galerie Figl, Linz (EP)

(EP) = Exposition personnelle
(EP*)= Exposition personnelle avec catalogue
(EC) = Exposition collective
(Inst)= Installation/sculpture